土曜ナイトドラマ

おっさんずラブ

Ossan's Love

in the sky

[公式ブック]

監修 テレビ朝日

文藝春秋

Contents

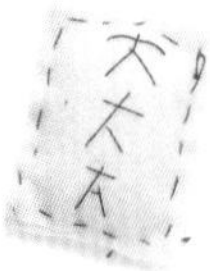

春田くんのこと、
好きになってもいいですかーーーーっ!!

俺は…春田が好きなんだ。

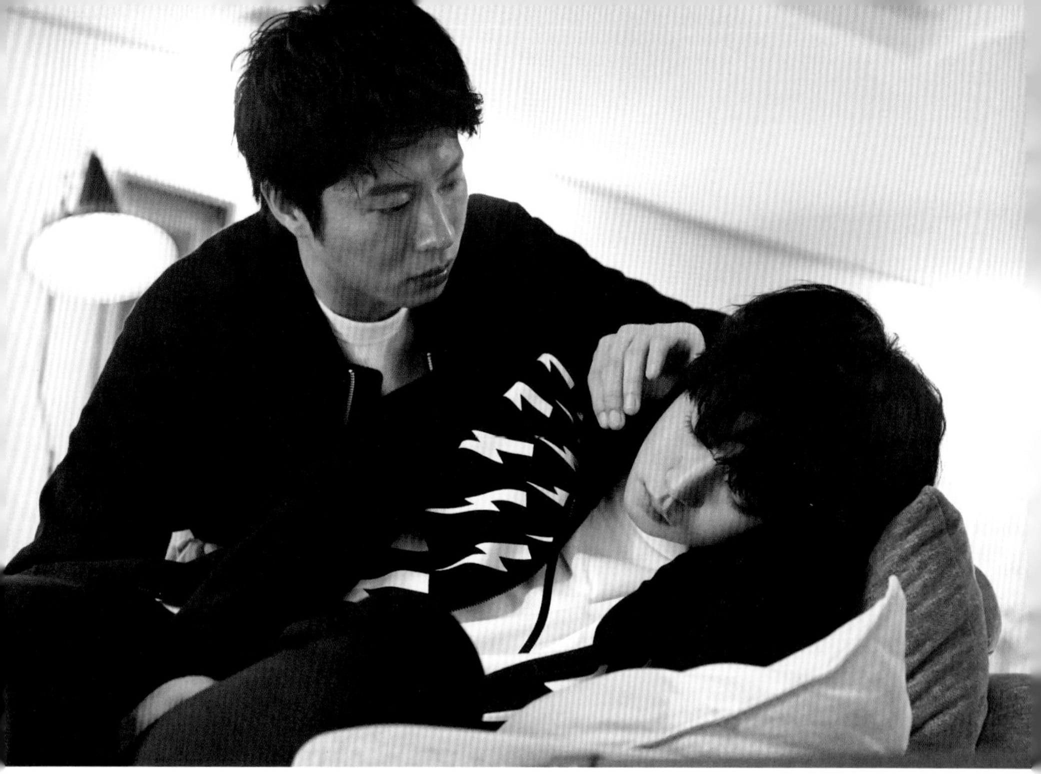

俺、お前のこと、好きみたいなんだよ。

本気だよ…。

田中 圭

—春田創一

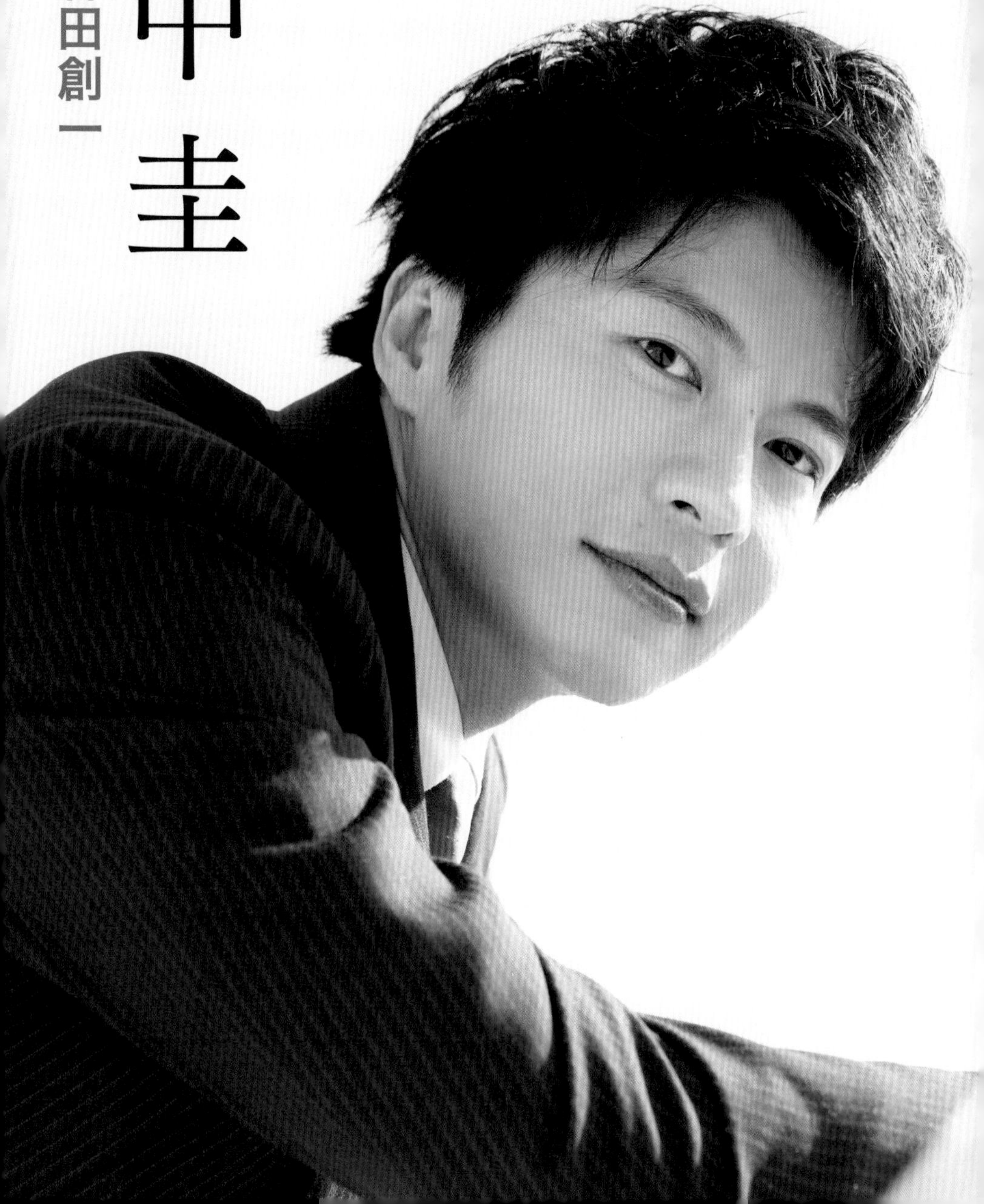

「ラスボスに挑むような気持ちで迎えた ラストシーン」

最初に本をもらった時、僕はすごく葛藤していました。春田創一と黒澤武蔵という、名前もキャラクターも一緒だけれど、まったく違う設定で「おっさんずラブ」の新しいドラマを作るということになって、その挑戦がかっこいいし、やりがいがあると思ったので引き受けました。しかも、貴島プロデューサーが「春田×武蔵エンドで行きたい」と、おっしゃったのが僕はすごく意外で、それだったらものすごく面白くなるかもしれない、とも思い。ですが、「in the sky」を春田×黒澤エンドにするということは、ふたりの中にいろんな物語が動かなければいけない一方で、みんなが驚く「隠し球エンディング」にしたいわけで、なるべくラストを悟られないように物語を走らせなきゃいけなかった。それで、今回の脚本には、航空会社の設定に加えて、ふたりが結ばれることを隠すための「展開」がどんどん増えることになったようにも思います。

基本的に、物語を展開させていくには、そこに登場人物の気持ちが流れていないと、見ている人は感情移入できないですよね。だけど、僕としては「in the sky」の脚本にはなかなかそれが見えなくて。それで、僕は貴島プロデューサーや監督と朝まで何度も話をしました。で、これは「おっさんずラブ」チームの毎回のあるあるで、話してみると、僕の頭の中にあることと監督や貴島さんの中にあることって、結局は一緒で。同じ場所を目指している、と納得はできても、実際に演じるのは難しく、正直3話までは、「おっさんずラブ」ってもっとやれるはず、って焦ったりもしました。（千葉）雄大や戸次（重幸）さんたちは初めてこのチームへの参加ということもあるし、僕たち役者が演じるために信じるものはやっぱり脚本。脚本を読んで世界を考えるし、脚本に泣けってあれば泣く。後半にかけて舵を切った「切ない」パートへドラマをどう繋げていくかもがいている中、5話の撮影のあとで戸次さんや雄大、スタッフたちと真面目な話をたくさんする食事会をしました。

そこで、今回の「in the sky」は、「そこに生きている春田や武蔵や成瀬や四宮、そこにいる僕たちを信じてください」

と言い切りました。あくまでも本はベースで、そこから自分たちで作っていこうと。つまり、脚本では「ここで右向け」と書いてあったとしても、「左を向きたいな」と思ったら左を向いていいし、脚本通りに「右を向きたい」と思ったらそれでもいい。その場の自分の気持ちを大事に、ってことなのですが、この「僕らを信じて、僕らと一緒に作って」が叶ったとき、「おっさんずラブ」はとても強くなる。徳尾さんの書いてくれる爆発的に面白い台詞や武蔵の衝撃行動とか、振り切った設定に対して、更に役者が感じるままの気持ちを加えていけば、「おっさんずラブ特有の現場」になる。役を離れたときのその人自身の素や考え方、言葉まで注入されたらキャラは更に深みが出てくるし、やっぱり「人の気持ちが動けば、展開も動く」。本にリアリティや説得力を持たせるのが僕らの役目であり、登場人物の想いを紡いでいくのが「おっさんずラブ」。そして、それに応えてくれる盤石のキャストや頼れる監督やスタッフがいて…こんな特別な感覚は、この現場でしか味わえません。

　ものすごく好きじゃないですか、春田は武蔵のことが。もともと春田は武蔵に対して大尊敬もしているし、人間愛もすごくあって、だからこそ、7話で成瀬への恋が終わったからって、すぐに「キャプテンが好き」に切り替えるのはやはり無理がある。とはいえ、友情のラストエンドでもつまらないし、恋愛感情にするには春田がいつから武蔵に恋をしたのか、物語を作らなければならない。考えても考えてもなかなか春田の気持ちが見えなくて、ラストシーンの前日の夜、今回の撮影で初めて（吉田）鋼太郎さんを呼び出して食事をしました。雄大と瑠東監督も呼んでたくさん話をして。翌日、ラスボスに挑むような気持ちで、武蔵エンドのラストシーンを迎えたんです。

　ヘリポートで武蔵と向き合ったとき、「好き」という気持ちが「いつから」ではなくて、ずっと鋼太郎さんとやってきて鋼太郎さんを好きな気持ちと重なって、4作全部の春田と武蔵の関係性が涙と一緒にこみ上げてきました。4回も春田創一という役を演じ、大好きな役だし、本当にモンスターみたいなキャラで、「おっさんずラブ」が終わってしまう寂しさより、春田が終わってしまうというほうが寂しいくらいで。それと同じく、武蔵とも、もう会えないのだなと思ったら、春田が武蔵を思う気持ちに、僕が鋼太郎さんを好きな気持ちが乗っかって、理屈のいらない「好き」という気持ちで溢れたラストシーンになりました。またいつか、春田と武蔵に会えたらいいなと思っています。

たなか・けい◎1984年東京都生まれ。2000年デビュー。2003年ドラマ「WATER BOYS」で注目を集める。以後、「あなたの番です」や「mellow」（公開中）など、ドラマ、映画、舞台など多方面で活躍。

吉田鋼太郎

——黒澤武蔵

「報われないほうが居心地がよくて いざ報われるとなるとドギマギします」

「in the sky」の春田への想いは一目惚れに近いですよね。いわば雷に打たれたような感じ。雷に打たれ、はいあの人が好きになってました、それが春田でした。そういう急激な始まり方ではありませんでした。不動産編のときのように、同じ職場で春田の人柄や色々な面を知って、気がついたら俺は春田が好きだったんだ、という恋もあれば、雷に打たれたように「なんだこの気持ちは」というのも、むしろ実生活で人を好きになるときにはあると思うんですね。

今回は戸次(重幸)くん演じる四宮も絡んできますし、そこでの恋のさや当てと言いますか、お互い牽制しあい、見せつけあい、コメディパートは自ずとテンションが高くなっていくような設定でした。たとえば4話の卓球のシーンで「好きサー!」とあれだけテンションをあげて気持ちを吐露することをやればやるほど、そのあとの春田にあきらめるからと泣いて告げる起伏の激しいシーンのほうが、お芝居はやりやすく感情を作りやすいので、両方のシーンでスッと入っていけました。

また娘と恋のライバルになるなんて非現実的ではないかと思うんですけど、それさえも現実にしてしまえる「おっさんずラブ」の世界があって、その力量が俳優たちにあるし、そういう演出をきっちり無理のないようにしてくれる監督やスタッフがいるのがこの作品だと思います。佐津川(愛美)と演技プランなどの話はしませんでしたが、いつのまにか娘のほうが強くて、お父さんのほうが引っ張られるという関係になっていましたね。佐津川もこのドラマにすごくかけていて、全身全霊でやろうとしてくれていたので、それは受け止めてさらに返してやりたいと思っていました。

千葉(雄大)さんは、こちらの心の奥にぐっと入ってくる演技をする人。ワンカットワンカット真実味がある。外連味《けれんみ》たっぷりに演じることもできるんだけれど、ちゃんとその外連の中にリアルなものがあって、芝居の中で嘘をやっていない感じがしますね。あと、性別を越えた「かわいさ」を表現できる芝居をするので、それもとても新鮮でした。

戸次くんとは舞台で何度か一緒にやったことがありますが、2話の「俺が春田を好きになっていいんだな」と屋上で確認するシーンでは、戸次くんのギアが変わって本気の目をしたように感じました。ちょっと目に涙を浮かべて。そこで四宮という人のキャラクターが、僕から見ると決まったように思えました。とってもシャイで誠実なんだけれども心の中で炎が燃えたぎっているというような四宮の役作りが確立していったんじゃないかなと思いましたね。

　僕は「おっさんずラブ」という世界に、戸次くんや千葉さんよりも先にいたので、「おっさんずラブ」の先輩としてどれだけ激しく春田を好きになるかという見本は見せておかねばならないという気はしていました。ただ、激しくて面白おかしいだけのコメディにはしたくない。気持ちに寄り添うことができないと、それは「おっさんずラブ」じゃなくなってしまうので、やっぱり「好き」という気持ちはリアルに大事に演じていかないといけない。そこが一番難しいですよね。「おっさんずラブ」の世界にバーンと飛び込んでいってしまえば、そこからは流れていけるのですが、その飛び込むまでの高いテンションが全部のシーンに必要でした。春田への感情の高まりなど、体も感情も全部「さあ『おっさんずラブ』やるぞ」と高めておかないと置いてきぼりにされ、いいシーンを作れなくなるんです。それを田中圭もやっていますし、とくに圭とやるときは気合をいれないとダメでした。だから緊張感のものすごくある現場です。スタッフさんもよく笑ってくれますが、役者の単なるテクニックや慣れ親しんだ現場のリラックスした演技だから、ではみんな笑わない。役者があるところまで高めて「これでどうだ、さあどうだ」と見せると、「今日はこうきたか！」と現場の空気も出来上がっていく。それは圭と演じるからできたことですね。

「おっさんずラブ」は、1話の中にクライマックスがワンシーンだけというドラマではなく、1話の中でほとんどのシーンがクライマックスと言えるくらい面白い、と思いながら僕らは演じているので、見てくださっている方にどんな風に伝わっているのか興味があります。だからオンエアは不動産編のときからリアルタイムでツイッターを見ながら見ていました。みなさんの反応が本当に面白かったですね。

　単発ドラマのときから、ずっと春田を好きで報われないままいろんな場面をやってきました。そのほうが居心地よくて、いざ報われるとなるとドギマギします。人格者の黒澤と正直に誠実に生きている春田は一度結ばれたら破綻は起きそうもないし、ずっと幸せでいるのかな。そうあるべきだと思うけれど、もっとふたりの物語を見たいから、それじゃやっぱりつまらないなあなんて気もしているところです。

よしだ・こうたろう◎1959年東京都生まれ。上智大シェイクスピア研究会公演「十二夜」で初舞台を踏む。97年劇団AUNを旗揚げ。以後、NHK大河ドラマ「麒麟がくる」などドラマ・映画など話題作に多数出演。

千葉雄大

―成瀬 竜

「気づかないうちに恋に落ち、不器用に失恋した成瀬はとても人間らしいと思います」

お話をいただいたときは、正直悩みました。でもありがたいことなんだからやってみようと飛び込みました。撮影に入る前は〝台本通りではない、アドリブが多い〟ってどういうことなんだろうと思っていたんですが、クランクインしてなるほどこういうことかと。最初に撮ったのはコンビニ帰りの成瀬が寮で春田さんと鉢合わせするシーンで、その場で生まれるお芝居が、台本の行間や余韻をどんどん埋めていく感じがしました。緊張しましたが、(田中)圭さんに助けていただきました。これが「おっさんずラブ」の世界なんだと思ったし、この世界に居させてもらうなら今までのアプローチじゃだめだと思いました。

3話で前方後円墳の本で顔を隠して部屋に戻るのも、台本には「去っていく成瀬」とだけあって、でもお人よしな四宮さんにイラついて席を立ったわけだしと思って挑発的なジェスチャーを試しました。結局軽く睨んでから去るのと、本で顔を隠す2パターン撮影して、採用されたのは今思うとより成瀬の素っぽいほうでした。同じく3話では、ラウンジで吉田(鋼太郎)さんと話すシーンの本番中、堪えきれず笑っちゃったんです。他の作品だと我慢しなきゃいけないと思うんですけど、あとで監督が「あれがあったからふたりともすごくいい表情になってました」とおっしゃってくださって、本当に「そのとき起きたこと」を大切にするんだと実感しました。

愛想がなく人付き合いが悪いという設定だけだと二次元的なクールキャラのようにも演じられるけど、春田さんや四宮さんと関わることで新しい面が引き出されて変わっていき、ちゃんと人間らしい多面性を持った成瀬でいられたと思います。恋愛においても、人って必ずしも何がきっかけでどこから好きになったかはっきりしているわけじゃなくて、いつの間にか好きになったり、あるとき「これが恋なのか?」となったりするリアルさがありました。成瀬は「そもそも好きが何かわかっていない」というところからはじまって、その後四宮さんを好きになるというのは僕も最初は知らなくて。途中段階でもなんとなくしか聞いていませんでした。意識するようになったのは本当に6話で火鍋のお店でキャプテンに「それは恋なんじゃないのか」と言われてからなんです。リアルですよね。

序盤で四宮さんに「春田さんとキスしたんですよ」とか言うのも、「いや、俺はいいんだ」とカッコつける四宮さんがじれったいから。チッ早く行けよ！って何度飛び蹴りしたいと思ったか（笑）。初号機を飛ばしてあげたくて手伝ったりおにぎりをあんなに持っていったり、距離を縮めている最中も成瀬は無自覚で。でもその成瀬の変化が春田さんに変化をもたらして、春田さんは成瀬に気持ちをぶつけてキスをするという……。そういうの全部、関係性の中で自然と気持ちが動いていって起こったことなのかなと思います。

春田さんに「ダメです」と言う成瀬の言葉の裏にあったのは拒絶ではなくて、あの場面は既に大切な存在だった春田さんの気持ちを知ってしまった、というシーンだと思っています。それ以降ふたりがキスについて言及するシーンはなくて、何も言わないまま6話で春田さんはテラスに来て背中を押してくれて、7話で成瀬がフラれたときは公園に探しに来てくれました。そういう大きな優しさに成瀬はすごく感謝していて、〝逃げないで向き合うかっこよさ〟も尊敬していて。だから最後に春田さんが自分にとってすごく大きくて大切な存在だと伝えられて、恋人ではないけれど特別な関係になれたのは、良かったなと思います。

四宮さんへの初恋は、やっぱり6話の「押し倒す」という展開が難しくて、どうしてこういうことをするのか成瀬の気持ちを考えました。春田さんの気持ちがないのはわかっているのにお試し交際なんかして、うまくいかなくて四宮さんは傷ついて。なにかしてあげたいけど、今まで来る者拒まず去る者追わずだったからやり方を知らなくて、前に自分が雨の中で春田さんに抱きしめられたのがうれしかったから、それを頑張ってやろうとしたんだと思ったんです。だから突き放されたときに、「どうしてあげたらいいかわかんないんだもん」と。台本にない言葉でした。フラれて、キャプテンと相撲をして仲直りをして、最後は恋人未満のキスをしていましたが、これからふたりはどうなるんでしょう。スピンオフにはそのヒントがあるはずです（笑）。

僕は現場で仕事の話はあまりしたことがなかったんですが、今回は圭さんや戸次さん、監督さんとたくさん話す機会があって、いろんな考え方を知り、また僕からしか見えない景色や僕にしかできない解釈について考えることもできて、それでお芝居が変わったこともあったと思います。とてもありがたい時間でした。感謝の気持ちでいっぱいです。

ちば・ゆうだい◎１９８９年宮城県出身。２０１０年、特撮ドラマ「天装戦隊ゴセイジャー」でデビュー。以降ドラマ、映画、舞台と多数の話題作に出演。主演映画『スマホを落としただけなのに 囚われの殺人鬼』が2月21日に公開。

Interview+

戸次重幸

―四宮 要

「春田への告白は、自分の気持ちに踏ん切りをつけるためだったとしか思えない」

オファーをいただいたときは「私で良いのか?」と思いました。私の役者人生の中でもここまで重要な役をいただけることはあまりなかったので、嬉しい気持ち45パーセント、恐縮の気持ち55パーセントでした。脚本をもらって四宮の役の重要さに改めて驚き、同時に黒澤武蔵が面白すぎて声を出して笑いました。吉田鋼太郎さんとは何度か舞台をご一緒して、何度も飲ませていただいていたので、鋼太郎さんの声でリアルに脳内再生しながら読むことができました(笑)。

同じ春田を愛する役として武蔵を意識することはなくて、それは四宮が「春田を勝ち取るぞ」とは思っておらず、恋心を墓場まで持っていこうという人だから。四宮自身も武蔵をライバル視はしていなかったと思います。「俺には幸せになる資格なんてないんだよ」という台詞は本気で思っているし、それは蘭さんと結婚して離婚したことと関係しているかもしれない。だから離婚して10年恋をしていなかったんだけど、なんで春田を好きになったのかは…四宮は一目惚れはしないと思うので、春田が寮にやって来て一緒に過ごすうちに、父性なのか母性なのか、養護欲から気持ちが募っていったのかなと思います。魅力に感じていたのは、不器用でポンコツだけど、誰にでも分け隔てなく優しいところ。がむしゃらで一生懸命で。でもそんな気持ちも本人に伝えるつもりはなかったと思うので、正直、5話のラストで四宮が春田に告白するシーンは、役者としてエンジンを吹かさなければなりませんでした。そうして考えたら、告白した理由は春田と結ばれたかったからではなく、自分の気持ちに踏ん切りをつけるためだったとしか思えなくて。諦めるためだったと思うと、それは四宮のスタンスとして合致するんです。言わば思い出作りの7日間だったから全部楽しくて、一つ一つ噛み締めるように過ごして。だからお試し1週間が終わったあと「俺は、春田とは付き合わない」と言うシーンは、切ない場面が多かった四宮においてもいちばん切なかったです。

役者にとって「その役がそのシーンでちゃんと生きている

か」をどれだけ表現できるかは永遠のテーマです。リアルな生活をそのまま切り取っても成立するわけではないのでバランスが重要で、この作品はいつも以上にリアルを追求しないと成立しない設定だと思っていました。普段は台本を読み込んで演技プランを練りますが、クランクイン早々に（田中）圭くんがリアルなライブ感を求めているとわかったので、下準備をせず、台詞も〝うろっ〟と覚えて現場で固めるようにしました。台本にない台詞を撮影前の段取りで確認するのも、やりすぎるとリアルさがなくなるから最小限。こういう現場はなかなかありません。役者さんたちもすごいし、前作から引き継がれているスタッフもすごい。4話の卓球シーンは最たるものでしょう。実は撮影前に瑠東監督から「伝説を作りましょう」というメールをいただいたんです。その気合いを受けて、僕も気合いが入りました。当日の撮影は鋼太郎さんの攻めの芝居を受けて、それに負けないよう芝居で返すということの連続で、もう本当に楽しくて、放送を見てもすごく面白かったです。

人の芝居を見るのも楽しかったし、相手の芝居に自分がどう返すかというのもやりがいがあり、幸せすぎる稀有な現場でした。圭くんは演技がうまいのはもちろんだけど、飄々としたイメージもあったので、作品について深く考え、引っ張っていく座長としての頼もしさに驚きました。

千葉（雄大）くんも普通に台本を読んでいるだけでは出てこない動きをしてくるので、相当考えて練りこんでいるなと気合いを感じました。6話で四宮が成瀬に告白されるシーンは本当に千葉くんに助けられましたね。その後、「俺はお前にそんな気持ちはない」と断るこちら側の罪悪感がすごくて、その気持ちを出せばもう成立する…という芝居を千葉くんがしてくれたから、ある意味とても楽でした。4話ではおかかのおにぎりばかり買ってきた成瀬が本当にかわいかったので、台本には「なんだそれ（笑）」と書いてあったのですが、アドリブで「お前、かわいいな」と言いました。

8話の成瀬とのキスシーンは…千葉くんにキスされたときは「男の唇ってこんなに柔らかいんだ」と思いましたね。あのシーン、最初にキスしようとするのは四宮なんですよね。四宮は恋愛に能動的ではないのになんでだろうと考えたけど、結論が出ないまま本番を迎えて、もうこれはかわいかったんだなと。かわいい存在を前についキスしそうになって、0.1秒でいや待てと気づいてやめたんだけど、その隙を成瀬が見逃さなかった…というシーンかな。だから成瀬を好きになっていくとしたらこれからなんだと思います。そこで終わるのは、いいラストだなと思いました。

とつぎ・しげゆき◎1973年北海道生まれ。北海学園大学在学中に結成した演劇ユニット「TEAM NACS」メンバー。舞台、映画、ドラマ、バラエティー番組などジャンルを問わず幅広く活動。NHK「SONGS」（ナレーション）、北海道テレビ「おにぎりあたためますか」レギュラー出演中。

「天空ピーチエアライン」客室乗務員

春田創一（35）

はるた・そういち

――― 田中 圭

35歳にして老舗シューズメーカーを突然リストラ。高校のバスケ部の後輩である橘緋夏の紹介で空の仕事に転職することになったピカピカの新人CA。社員寮に住む独身で、まったくモテない。
性格は、まっすぐで不器用で情に厚く、とにかく優しくて、ちょっぴりおバカ。
前職の経験から“仲間”に対する思いは人一倍強く、孤立している人は放っておけないお節介な一面も。グレートキャプテンである黒澤に、人として憧れ、自らもグレートCAを目指して奔走するも、おっちょこちょいでポンコツ気味、熱意が空回りしがち。

趣味 昼寝、テレビを見る
好きな食べ物 オムライス
初めての海外 韓国
旅の必需品 目覚まし時計5個
特技 どこでも寝られる
小さい頃の夢 バスケの選手

off style

パーカーが好きでけっこうな数所有している。明るい色を着ると元気が出る気がする。

SHINO's sketch

「天空ピーチエアライン」パイロット

黒澤武蔵（57）

くろさわ・むさし

―――吉田鋼太郎

“グレートキャプテン”と呼ばれるほど、操縦技術・人柄ともに秀でた人物で、新人CAから整備士まで、みんなを気遣う優しい心の持ち主。初日から遅刻してきた春田をフライトから外すなど仕事には厳しいが、お客様に全力で尽くす春田の姿勢はきちんと認めている。“チームの絆”を重んじているが、ある出来事を目撃し、春田への想いが溢れ始めてしまう…。離婚した妻の死後、娘と一緒に暮らしている。

趣味 大河ドラマを見る
好きな食べ物 天ぷら
初めての海外 ハワイ
旅の必需品 サングラス
特技 耐え忍ぶ
小さい頃の夢 SAMURAI

off style

休日はシンプルで着心地の良い大人カジュアルコーデが多い。イエベさんカラーが似合う。

SHINO's sketch

「天空ピーチエアライン」副操縦士《コーパイ》

成瀬 竜（30）

なるせ・りゅう

―― 千葉雄大

黒澤とペアを組むことが多く、操縦技術に長けた優秀な若手。ただし、性格に難あり。自分にも他人にも厳しく、言葉を選ばないため、対人トラブルを起こしがち。ドライな性格で、付き合いが悪く、プライベートを見せない。ゆえに春田のように、人の懐にずかずか入ってくるタイプが最も嫌い。なお、プライベートはかなりグダグダで、家事全般が苦手な上、偏食。なぜか毎食冷凍食品のグラタン。好きなものは古墳。春田、四宮と同じ社員寮に住んでいる。

趣味 古墳めぐり
好きな食べ物 グラタン
初めての海外 トリニダード・トバゴ
旅の必需品 グラタン
特技 操縦
小さい頃の夢 パイロット

off style

とにかく黒が落ち着くので、クローゼットの中は現在、黒7割、グレー2割、白1割くらい。

SHINO's sketch

「天空ピーチエアライン」整備士

四宮 要（41）

しのみや・かなめ

――― **戸次重幸**

通称“シノ”さん。整備チームのリーダー的存在で、いつもツナギを着ており、熱血でストイック。ボルト1ミリの緩みも許さない職人肌。しかしプライベートでは、仕事とは逆に細かいことは気にしないおおらかな性格で、誰にでも優しく、たまに天然。“男の料理”が得意で、実家から送られてくる野菜を使い、丼物や麺物などを社員寮で振る舞う。緋夏とは入社当初から仲が良く、兄貴分のような存在。恋愛相談にも乗る間柄。春田と同じ社員寮の隣の部屋同士。

趣味 ピアノ、料理、スケッチ
好きな食べ物 いちごパフェ
初めての海外 スイス
旅の必需品 マイ歯ブラシ
特技 恋愛相談を受けることはよくあります。
小さい頃の夢 ケーキ屋さん

off style

一見ベーシックなカーディガン男子のようで、色やパターンにクセのあるものも着こなす。

SHINO's sign

「天空ピーチエアライン」広報

橘 緋夏（33）

たちばな・ひな

――佐津川愛美

春田と同じ高校でバスケ部の後輩。
春田がリストラされて途方に暮れ「捨てられた子犬みたい」になっているときに運命的に再会し、CA を募集していた自分の勤務先を勧める。チャキチャキしたしっかり者。高校卒業以来の再会を経て、大人になったお互いに少しずつひかれていく。母親の死後、実家で父親と２人暮らし。

趣味 食べ歩き
好きな食べ物 チャーハン
初めての海外 フランス
旅の必需品 一眼レフ
特技 ロシアンたこ焼きは絶対外さない
小さい頃の夢 ツアーコンダクター

off style

仕事用の私服はきちんと感重視。休日は趣味全開でかわいめの服とヘアアレンジを楽しむ。

SHINO's sketch

「天空ピーチエアライン」ディスパッチャー

烏丸孫三郎（48）

からすま・まござぶろう

——— **正名僕蔵**

テンション高めに運航予定や天気の情報を伝えてくれる、おしゃべりガラス。デスクの上には各界の著名人の名言を書き記したノートがある。ウワサ好きで、どこで仕入れてくるのかは謎だが社内情報に精通している。ちなみに独身。ドイツ人の彼女がいるらしい。

趣味 YouTubeで猫動画を見る
好きな食べ物 チャンジャ
初めての海外 ドイツ
旅の必需品 万年筆（旅先で白分に絵葉書を送る）
特技 ディスパッチ！
小さい頃の夢 モデル

off style

クリスマスに着ていたサンタ服は自前。それ以外の私服は謎に包まれている……。

SHINO's sketch

「天空ピーチエアライン」客室乗務員

根古 遥（35）

ねこ・はるか

——— **MEGUMI**

通称“ ネコさん ”。
歯に衣着せぬもの言いが多い、いわゆる毒舌で人間観察力も高い。春田に対しても容赦ないツッコミがさく裂する。が、決して陰口は言わず、文句があれば本人に直接伝える気持ちのよい性格。お客に対してもウソのない接客態度を貫いており、言葉はきつくても地元のご年配ユーザーに愛されている。

趣味 ラジオに投稿
好きな食べ物 日本酒とブリ大根
初めての海外 インド
旅の必需品 現地で酒を買う
特技 忖度
小さい頃の夢 金持ち

off style

ふだんの髪はダウンスタイル。ファッションはパリジェンヌ風。最近はブルー系が好み。

SHINO's sketch

「天空ピーチエアライン」若手客室乗務員

有栖川民代（25）

ありすがわ・たみよ

――― 木﨑ゆりあ

通称“アリス”。
元ギャルだがCAのマンガを読み、鬼憧れて入社。しかしガサツなため、CAらしい優雅な動きが苦手で、よく十文字に怒られている。下の名前“民代”がコンプレックスで、名字から“アリス”と呼んでほしいと懇願しがち。

趣味 漫画を集める
好きな食べ物 ポテトチップス（のりしお味）
初めての海外 台湾
旅の必需品 自撮り棒
特技 さくらんぼの茎を舌で結ぶ
小さい頃の夢 魔法少女

「天空ピーチエアライン」客室乗務員チーフパーサー

十文字美冴（45）

じゅうもんじ・みさえ

――― 片岡京子

おっとりした雰囲気だが、仕事に関しては相当なプライドをもっており、ホスピタリティマインドも高い。その反面、天然な一面もあり、もらっても困るお土産を買ってきては配ったり、突然メルヘンなお嬢様発言をしたかと思えば、昭和感満載のワードをぶち込んでくることも。反抗期の息子がいるらしい。

趣味 華道
好きな食べ物 ホタテと野菜のテリーヌ
初めての海外 ニューヨーク
旅の必需品 布団一式（ゆえにスーツケース４つ）
特技 仲裁
小さい頃の夢 学校の先生

「天空ピーチエアライン」若手整備士

道端寛太（23）

みちばた・かんた

――― 鈴鹿央士

四宮の部下で、通称“ミッチー”。
社会人１年目で、リーダーの四宮を兄のように慕い、子犬のように懐いている。おろおろワタワタしながらも、整備の仕事に邁進している。

趣味 ドミノ倒し
好きな食べ物 数の子
初めての海外 パプアニューギニア
旅の必需品 炊飯器
特技 みかんの白いところをきれいにむける
小さい頃の夢 スパイダーマン

「天空ピーチエアライン」マスコット

くうピチ

年齢　46億8歳
趣味　気温を操作
てんピチに比べて出番は少ない。

てんピチ

年齢　46億5歳
趣味　天気を操作
ブリーフィング時に使用のタブレットの中で、天気に関することを英語で訊ねると答えてくれる。

What is Love？

「好き」って一体なんですか？

高校時代のバスケ部の後輩・橘緋夏に紹介してもらい、
航空会社に転職し、ピカピカの新米CAになった春田創一。
同じクルーには、みんなの憧れのグレートキャプテン黒澤武蔵、
「キスくらい誰とでもする」と言う孤高の副操縦士・成瀬竜、
料理も絵もピアノも得意な面倒見のいい男、整備士・四宮要。
巻き起こる恋の乱気流に、全員、“一方通行”の恋の行方は!?
「あなたに出会えて良かった」と心から思えるそれぞれの恋の軌跡。

OSSAN'S LOVE TAKE OFF!

すべてはキス から始まった

成瀬と見知らぬ女との痴話ゲンカに巻き込まれた春田は突然、成瀬からキスされてしまう。それを目撃した武蔵はなぜだか動揺が止まらない…。

#1

そういうことだよ。

たまたま遭遇した修羅場に巻き込まれ、成瀬から突然のキス !!!

今のしゃべったら、ぶっ殺すぞ。

またまた遭遇した修羅場で成瀬からの網ドン！！！

うわああああああ

空に舞い上がったのは、四宮が春田を描きに描いた大量のデッサンだった…。

天を仰ぎ叫ぶ四宮。

!?

武蔵は見た！

こちらコックピット、ただいま恋の乱気流が発生中！

LOVE IS A HEART ATTACK

この胸の痛みは『恋の病』です

#1 動揺

春田と成瀬がキッス…。
あれは一体どういうことだ？
んっ…？ なぜだ？
なぜダブルクリックになる？
たかがキッス、されどキッス…。
どうしてこの私が
動揺しているのだろうか？

おい春田、それはあんまり
無防備すぎやしないか？
ああ…！　なんだ、この気持ちは!?
俺の気持ちをかき乱すのはやめろ！

#1 葛藤

こちらコックピット、
さっきから、心の警告音が鳴り止みません！

#2 恋の病!?

朝、会うと嬉しい。
この気持ちは…何？
思わず検索してしまう。
この胸の高鳴りは…何？
不意に涙が出てくるのは…なぜ？
痛い。この胸の痛みは…何？
なんだ？　なんだ？
この感情は一体なんなんだ？
もしかして…もしかして…
春田のことが、す…？

空港でぶつかったあの日、一目惚れだったのかもしれない。この歳で…こんなに人を好きになるなんて。自分でも驚くくらい胸が苦しい、武蔵の突然やってきた恋。

ぶっちゃけ…あの…
春田くんのことが…気になって仕方ありません。
春田くんのこと、好きになってもいいですかーーーーっ!!

#2 告白

#3 失恋

春田め…あえて一度遠ざけて…、
この俺を嫉妬させようってか？
ん…？　いやいや…
そんなことあるか？
あれ、普通に今俺…フラれた？

#4 諦める努力

!?

誰にでも優しいところ、大嫌い!!
その屈託のない笑顔が、大、大、大、大っ！
バカッ！　嫌いになんか…
なれるわけないじゃないか!!

コックピットより機長の黒澤です。
現在、春田創一の上空が大変混み合っております。
誠に痛恨の極みながら、
娘の幸せを第一に考え、これより引き返します!!

想いは深くなるばかりなのに口に出せない。溢れだしそうな気持ちを押し隠して、好きな人の普通の幸せを願う、四宮の切ない片想い。

ONE WAY LOVE

叶わぬ恋でいい

#2

キスしたんですよ、春田さんと。(成瀬)

春田にはちゃんと相手がいるんだよ。

四宮さんって、自分の中でひたすら
抑えて我慢して耐える系ですよね。
それじゃ幸せはつかめないと思いますよ。
(成瀬)

寮のリビングで晩ごはんを食べる四宮に成瀬が話しかけて。

#2

あれは、春田くんに惚れて
いる人間が描いた絵だ。
彼の目はごまかせても、
俺の目はごまかせないぞ。(武蔵)

私は…私は、これ以上の
関係を望んでいません。

成瀬の懲罰委員会の後、証言した四宮にお礼を言う武蔵。

#3

音楽の先生に教えてもらったんだよ、
放課後に。

へえ〜。なんか切ない曲っすね。あっ、
ねえねえねえ俺も弾きたい。(春田)

うん。もう一回弾こう。

授業をしに訪ねた母校の音楽室でピアノを弾く四宮と春田。

#4

シノさん。お…お…俺なんか
のどこが…いいの?(春田)

…バーカ。誰がお前なんか。
あいつの冗談に決まってんだろ。
お前には緋夏ちゃんがいるんだから、
大切にしてやれ。緋夏ちゃんを
泣かせたら許さねえからな。

寮のテラスで考えこんでいる四宮に春田が声をかけて…。

＃4

黒澤杯 卓球大会開催!!

自分のためにも緋夏のためにも黒澤家の未来のためにも、断腸の思いで春田を諦めることに決めた武蔵。だがしかし！　その前にはっきりさせなければならないことがある!!

まず成瀬！
あのキスは、
なんだったんだ？
春田にしたキスだよ！
最近の若者の感覚が
俺にはよく
わからないサー！

次、四宮！
君はもっと、
自分に正直に
なった方がいいサー！
どうしてそんなに自分を
抑えられるのサー！
どうして？　WHY ？ WHY ？
教えてサー！

キャプテン！
さっきから
なんの話
してるんですか？

あんたの話だよ！
デッサン見りゃ
わかるだろうが！
バカ！
好きってことだよ!!

………

俺も…好きサー。
嫌いになんかなれないサー！
好きサー！
春田くんが…
春田くんが好きサー!!
春田が好きサー!!!
好きサーーーーッ!!!!!

みんなの気持ちは、よくわかった。
これで絆もより深まったと思う。
これにて、黒澤杯 卓球大会を
終了する。
グッナイ。

二人の仲のいい様子を見ていると、なんでモヤモヤしてしまうんだろう。どうしてこんなにむかつくんだろう。止まらないこの気持ちの意味を誰か教えて。

AM I JEALOUS?

恋には嫉妬がつきものです

#4

……….

なんか…
むか…ついた…？
あれ？ 俺、
むかついてる…？

薄暗いオフィスのソファには、四宮の肩に頭をあずけて眠る成瀬が。

#4

これからもよろしくな、
未来の機長さん。(四宮)

寮のテラスで楽しそうに話す四宮と成瀬。逃げるようにその場を離れる春田。

このモヤモヤした気持ちって何…？

#6

別に…好きにすれば
いいんじゃないですか？
(成瀬)

休日デートに誘ってみたのに、あっさり断られた上に春田とお試し交際って!?

春田と付き合うことに
なったから。ハハッ…。
いやとりあえず、
付き合うっていうか
お試しで1週間。(四宮)

#6

春田さんが
流されすぎなんです。
(成瀬)

火鍋を食べながら、四宮と春田がお試し交際を始めたことをディスる成瀬。

#3

なんか…
放っとけ
ねえんだよ!!
(春田)

……(四宮)

ずぶ濡れで佇んでいる成瀬を思わず抱きしめる春田を見てしまって。

ラブ・ディスパッチャー
烏丸孫三郎の恋愛指南

現状を分析して未来を予測するのがディスパッチャーのお仕事。烏丸はフライトだけじゃなく、恋の教えだって親指立ててディスパッチ！

Dispatch!

#1

こないだ月が綺麗ですねって
言ってた人がいたんだよ。

夏目漱石じゃないですか？
昔、I love you を日本語に翻訳するときに、
月が綺麗ですねって訳したとか、してないとか。

烏丸さん、烏丸さん、
「好き」って一体なんですか？

#4

悩みごと？

あの…俺の一体どこがいいんだと思いますか？
僕も好きなんですけど、僕の「好き」は
こうなんていうかその…。

友情？

…的な。でも、
多分向こうの「好き」はそうじゃなくって…。

恋愛感情ってことね。僕はね、パスタで言うとペペロ

#5

嫉妬ですよ、それは。春田くん。
先日、君は自分の「好き」という感情が友情だと分かった
一方で、相手からは恋愛感情を持たれていると悩んでいた。
だが、そんな君も何かに対して、そこはかとなくモヤモヤしている
ことに気づく。ああ、この感情は一体、何？
友情では決して芽生えることのない純情な感情。

そう、それは…嫉妬です。ドーン！

春田のおかげで、離婚した妻と息子とようやく向き合うことができた四宮。改めて春田に告白し、１週間限定のお試し交際を提案するが…。

LOVE OR FRIENDSHIP

付き合うってなんですか？

#6 Haruta's Voice

DAY 1 オムライスを作ろう

オムライスを作ろう

寮のキッチンに２人で立って卵を混ぜる。半熟オムレツをチキンライスにのせたら、ふわとろオムライスの出来上がり。すっげえ！どんな１週間が始まるのかと最初は身構えたけど、シノさんはいつもと変わらない。オムライスうまし！

DAY 2 おもちゃを作ろう

おもちゃを作ろう

シノさんが持ってきたおもちゃは、ウッドパズルでつくるレトロなプロペラ飛行機のキット。細かいパーツを組み立てていくヤツ。はじめはシノさんも「これは難しい…」とボヤいてたけど、カッコイイのが完成！

DAY 3 タピオカを飲もう

タピオカを飲もう

「１回タピってみたかったんだよ」「おお、ボコッてきた！」とタピオカ初体験ではしゃぐシノさん。記念撮影もたのし～！　２人の間に流れる空気も今までと何も変わらない。じゃあ「付き合う」ってなんだろう？

DAY 4 銭湯に行こう

銭湯に行こう

久しぶりに来た銭湯。「１人で来てもつまんないしな」とシノさんが言う通り、水鉄砲したり、風呂あがりに牛乳飲んだり、めっちゃ楽しかった。恋愛だとか友情だとか線引きして意識してるのは俺のほうなのか…？

DAY 5 バッティングセンターに行こう

バッティングセンターに行こう

キャプテンと成瀬も来てた。「春田と四宮って付き合ってるの？」ってキャプテンに聞かれる。「お試し期間だそうですよ」と成瀬。「そんな通販みたいな恋愛ってあるの？インスタント・ラブ～？」って詰められた。

DAY 6 まったりDVD鑑賞

まったりDVD鑑賞

焦って空回りして失敗して、キャプテンに愛ある説教をくらう。落ち込んだ日にピッタリなカードをひき、シノさんと毛布を分け合って『魔界 IN THE FOREST』を鑑賞。急にドアからガチャガチャ音がしてビビる…。

DAY 7 手をつなごう

手をつなごう

１週間過ごして、シノさんのことがやっぱり大好きだって思った。でもそれは、恋愛感情じゃなくって人として先輩として友情としての大好きで。だから、俺はシノさんとは付き合えません…たとえ気まずくなったとしてもちゃんと伝えなきゃって。

みんなが教えてくれたこと

まっすぐで情に厚くて、とにかく優しい。そして、超絶おせっかい。人の気持ちを受けてばかりの春田を変えてくれた、みんなの言葉。

From 根古さん

＃6

…何をいまさら。世の中、そんなもんでしょう。

一緒にいてすげえ楽しいのに、恋愛じゃないってなった瞬間に友情もなくなるっていうのは納得いかないっていうか…。（春田）

ブリーフィングの最中、根古さんにシノさんとの１週間お試し交際について「何？　その謎のシステム。付き合う気ないんでしょ？」とつっこまれて…。

From 緋夏

＃5

私は春ちゃんのそういう優しいところ、好きだよ。でも、その優しさに…私は傷つきました。

久しぶりのデートなのに、成瀬のメールを気にしたり、四宮との夕食に誘う春田。緋夏は手をつなぎたかったけど気づいてもくれない。「私のこと、好きじゃないよね…」

From 怜二

＃6

でもさ、気付けてよかったって。今からでも、絶対遅くない。春、春、春っぴ！　変われる!!

診療室の外では、廊下の壁にもたれて怜二が立っていた。沖縄への初フライトの前に春田を心配して寄ってくれたのだった。

From キャプテン

＃6

周りが見えていなければ、いつか必ず大切なものを失うことになる。一度、本気で自分自身を見つめ直せ。

怜二の初フライトの直前に風邪で倒れてしまった春田。診療室の簡易ベッドから飛び起き、持ち場に戻ろうとする春田を制して、武蔵の重たい言葉。

FIRST LOVE

全部、はじめて

#4 はじめての差し入れ

ああ…。人に買うの、はじめてだったんで。

いや、普通いろんな味買うだろ、お前。全部おかかって…。

ハハッ…、お前、かわいいな。

夜を徹して初号機のオイル漏れをチェックする四宮に、おにぎりを差し入れ。

#4 はじめての頭なで

好きなだけです…飛行機が。

そういう顔してた方が、かわいいよ。これからもよろしくな、未来の機長さん。

初号機のトラブルを共に乗り切った成瀬に四宮がお礼を言いに来て。

#6 はじめてのデートの誘い

土曜って空いてますか？
別に日曜でもいいんですけど。

さりげなく誘うも四宮は春田とお試し交際中で玉砕。

#6 はじめての恋？

成瀬、それ、恋なんじゃないのか？（武蔵）

…えっ？ あっ…えっ？
え〜っ？ はあ!? はあ!?

武蔵と火鍋を食べながら、四宮への気持ちに気付かされる。

「俺はみんなみたいに、本気で
誰かを好きになったことなんて
一度もないから」、そう言い切る
成瀬の、はじめての恋——。

#6
はじめてのやきもち

寮のシアタールームのドアをガチャつかせ、
ひとりテラスでオーナメントを弾く。

四宮と春田がひとつの毛布を分け合って
DVDを見ているところを目撃して。

#6 はじめての告白

本気だよ…。だけど…、
どうしてあげたらいいか
わかんないんだもん。
俺だって、誰とでもキスできると
思ってました。でも、もう
あんたとしか、したくない。

俺が忘れさせてあげるから、と
四宮を抱きしめようとするが…。

#7 はじめての恋の相談

告ったっつうか…。違う…。
お…襲った。
ねえ…キスまでにやらなきゃ
いけないことってなんですか？

四宮とギクシャクしている成瀬はテラスで春田に悩み相談中。

春田に背中を押されデートに誘うも、強く拒絶されてしまう。

#7 はじめての失恋

今度…行きませんか？　イルミ
ネーションとか…。一緒に行け
ればどこでもいいんですけど…。

しつこい。俺はお前に一切
興味はない。いい加減諦め
てくれ。迷惑だ！（四宮）

本当の『好き』ってなんですか？

#5
帰宅すると暗いリビングのソファで成瀬が眠っていた。成瀬との記憶が蘇ってきて、思わず頬に手を伸ばす春田。
「他に好きな人がいるの？」
緋夏の声がリフレインして…。

#5 お前、何考えてるか全然わかんねえし、クソ生意気だし、グラタン食うし、全然かわいくねえんだけど。でも、誰にも渡したくないっていうか…。
だから…！ **俺、お前のこと、好きみたいなんだよ。**
俺じゃダメか？

#7
シノさんをさ、こういうところに誘ってみればいいんじゃないの？ それか…こういうこと、してみるとかさ…。
（成瀬の手をつかみ、自分のポケットへ）
たとえばよ。うん…。たとえば。
（ポケットから手を出して、手を離す…）

#7 …みんなフラれるとさ、
そういう気持ちになんだよ。
ちょっとはわかったか〜？
あと、関係ないのにコーヒーぶっかけられるヤツの気持ちも、わ…わかんなさいよ〜？
…お前今めちゃくちゃがんばってるじゃんか。
みんなともさ、すげー喋るようになったし、チームのことだってめっちゃ考えてるじゃん。
いいよ…、うん。

人の気持ちを受けてばかりの春田が好きになった人には好きな人がいた。誰にも渡したくない思いと、好きな人に幸せになってほしいという気持ちが交錯して。

#7 「To HARUTA airport, to HARUTA airport.
Final approach OK? Final approach OK?」
ノーです。
「許可願います。」
フフ…ダメですって。
「…なんてな。ハハハハハ。
いや、今はこうやって一緒に
仕事できるだけで幸せだよ。」

#6 「周りが見えていなければ、いつか必ず
大切なものを失うことになる。
一度、本気で自分自身を見つめ直せ。」
職場で倒れた春田に武蔵の言葉が重く響く。

#7
「俺、寮を出ていくことにしたから。
今までありがとうな。」

#7
「パイロットを辞めることにした。
さよならだ、春田。」

#8
俺は…
もっと勉強して、経験積んで、いつか
グレートCAになるって決めたんです。
だからキャプテンからも、もっと教わり
たいこと、いっぱいあったのに、なんで…。
…キャプテーーン!!!
辞めないでくださいよぉーー!

パイロットを辞め、春田の元を去る決意をした武蔵が、思い残すことなく３人への想いを伝えるために企画したのは相撲大会だった…。

＃8

黒澤杯 相撲大会開催!!

この自己完結型ベビーフェイスめ！

機長を目指すなら、
もっと周りを信用して、周りと
話して、もっと自分を開け！

この不幸体質整備士め！

人を好きになった自分を否定
してんじゃねえよ！ 誰かを愛する
ってことは素晴らしいこと
なんじゃねえのかよ!!

ソフトランディング♡

テイクオーフ!!

フライアウェイ!!

お前に
言うことは…
何もない！

春田、
自分で考えろ！

このマッスル
甘えん坊
将軍め！

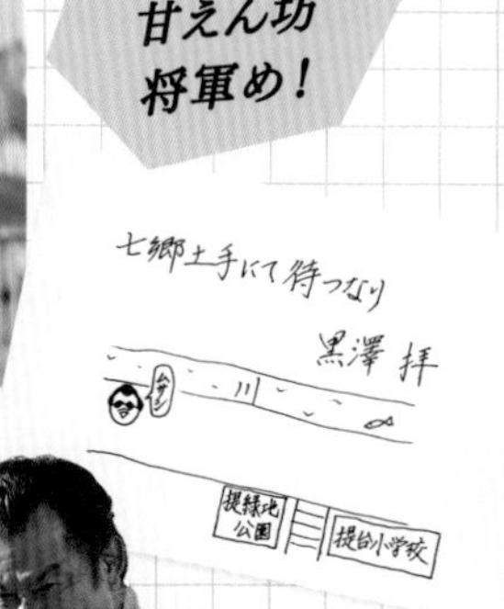

みんなおっさんじゃねえかよ

41です…

35です！

30です！

それぞれの『愛』の終着地

LOVE DESTINATION

ご搭乗の皆様に申し上げます。
当機はついに着陸態勢に入った模様です。
ですが、愛の終着地はまだ見えておりません。
一体どこに着陸すればよろしいのでしょうか？

#8 お互い本気でぶつかり合って、いっぱい笑って、泣いて、
そうやってまたひとつずつ絆が強くなっていって…
僕たちクルーはキャプテンにたくさん愛された分、
自分たちも誰かを愛したい、幸せにしたいって思って…
今ここにこう立っていられるんだと思います。

春田の機内アナウンス。

LOVE DESTINATION

笑顔が見たい、そばにいたい、手をつなぎたい、抱きしめたい。全員一方通行だったいろんな「好き」がそれぞれの「愛」に向けて着陸…！

手づくりのグラタンに大量の砂糖をかける成瀬。成瀬の笑顔を見て、思わずキスしようとしてふと我にかえる四宮にキス。

キスしようとしてたでしょ。

いや、してない。うん、した。
いや、いや…してない。してな…。

誰かを大事にしたいとか、本当に好きだって思う気持ちとか、逃げないで向き合うカッコよさとか、そういうのいっぱい教えてくれたのは、あなたです。だから…春田さんのこと、尊敬してます。ありがとうございます。

泣いてんじゃねえよ
泣いてないし

…成瀬。ありがとね…。

#8

ヘリポートで
待つなり
春田拝

…俺はキャプテンが好きです。
俺もよくわかんないんですよ。この気持ちがキャプテンへの尊敬なのか、友情的なのか、恋愛感情なのか…ただ、俺は、俺は…キャプテンが…キャプテンが俺にくれた愛情が嬉しくて、温かくて、支えられてて、だから、これから先も、キャプテンの隣で一緒に幸せ…見つけられたらいいなって思ったんです。
だからキャプテン、俺から言わせてください。
キャプテンのこと…好きになっても、いいですか⁉

マルーーーーーーーッ!!!

ミッチーの LOVE FLIGHT PLAN

ミッチーの緋夏へのダダもれる恋心

#3 どうするんです。ど…どうする、ど…、ど…、ど…、ど…、ちょっ…ちょっ…取りに行ってきますね…。

四宮の誕生日プレゼントを持ってくるのを忘れてしまった。緋夏に告げるときに不思議とぴょんぴょん跳ねていく…。

#4 え、春田さん、今日メンバー、男だけですか？
緋夏さんは？…仕事なら仕方ないっすね。

四宮のやり直し誕生日会で。

#8 あ、あのシノさん、緋夏さんと一緒に住んでるって噂を聞いたんですけど、ほ、本当ですか？

キャプテン宅にお世話になっているだけ、と四宮。

あ、いやいやいやいやいや。
すみませんでした。いやいやいやいや…。

気持ちを見透かされて焦る。

#8 あの、あの偶然ですね…この奇跡を祝して、ご飯行きませんか。

「あ…うん、行こうか。」（緋夏）

えっ、えっ…ちょっと、じゃあ、
今日のフライトプランです！

緋夏を廊下で待ち伏せて。

癒しの怜二 DANCE & SONGS

キレのいいダンスと美声で怜二のレッツショータイム！

#6 獅子丸、シーサー…
ワァー!!

イーヤーサーサー♪
アイヤ アイヤ♪

#7
ホテル暮らしに♪
ホテル暮らしに♪

#7
はるっぴーとなるさま、ドゥルットゥー♪
はるっぴーとなるさま、ドゥルットゥー♪
はるっぴーとなるさまー♫

#7 そんなキレ悪くないわ

酔っ払っていたときのダンスを春田に真似されて。

#8
サンタとトナカイ、ドゥドゥットゥー♪
サンタとトナカイ、ルルットゥー♪
メリークリスマアーーーース♫

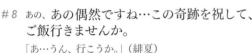

テラスハウス

春田、成瀬、四宮が暮らす
天空ピーチエアラインの社員寮。
あんなことやこんなことがあった。

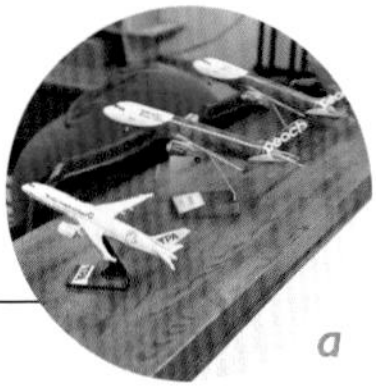

a

LIVING

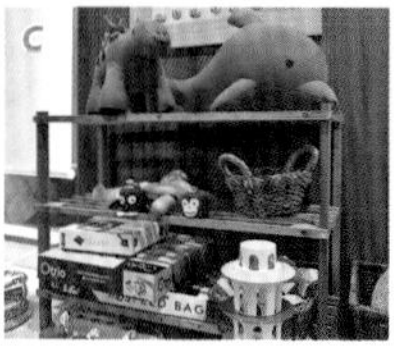

c

b

リビングには航空関係の本やボードゲーム、健康器具も。成瀬はソファにいる率が高く、春田は「人をだめにするクッション」がしっくりくる。

＼ ひろびろ LDK ／

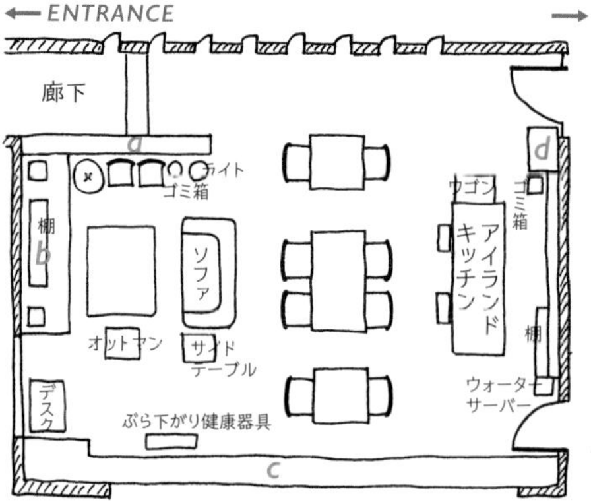

疲れて帰った日も、ここで仲間がくつろいでいるとホッとしたり。居心地抜群の共用空間。

KITCHEN

d

みんなと会話しながら料理が作れるアイランドキッチン。成瀬が毎日グラタンを解凍するレンジ。冷蔵庫は奥の部屋にある。

DINING

c

四宮の手料理が振る舞われるダイニング。四宮の誕生日会をしたり、怜二が遊びに来たり、寮の住人以外にとっても憩いの場。成瀬の隠れ場所。

思い出いっぱいの社員寮 おっさんず

PRIVATE ROOM

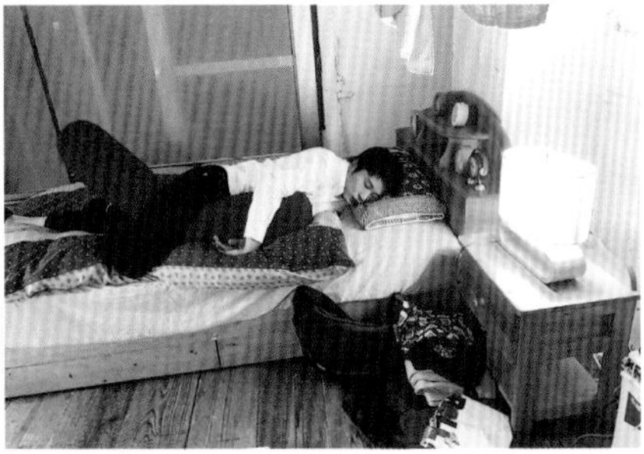

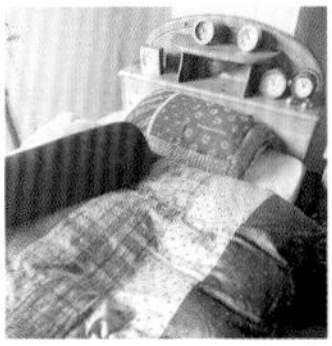

個人の部屋はコンパクトだけれど、以前はワンルーム暮らしだった春田には天国。眠りが深いタイプで毎日目覚ましを5個かけて朝起きている。

TERRACE

気分転換できるテラス。つい抱えていた気持ちがあふれ出してしまい切ない思い出も。怜二がダンスを踊るのにもいい感じの広さ。

EVENT ROOM

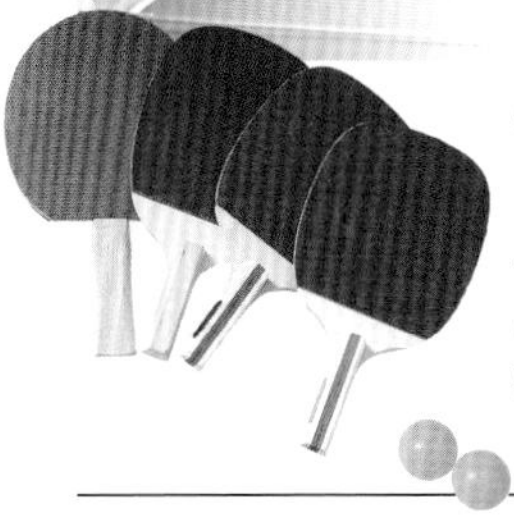

広い娯楽室には卓球台も。歴代住人に人気でピンポン玉も多数常備されている。白熱の「黒澤杯」は寮の歴史の1ページに刻まれた。

THEATER ROOM

なんとシアタールームまで！ 話題作『魔界 IN THE FOREST』は怖いながらも観賞後じんわりあたたかくもなるホラー映画だった。

1st FLIGHT
アテンション プリーズ

バカでまっすぐでお人よしで情にあつい、独身ポンコツダメ男・春田創一（田中圭）は、35歳にして突然老舗スポーツシューズメーカーをリストラされ、途方に暮れていたところを、高校時代の後輩で「天空ピーチエアライン」の広報・橘緋夏（佐津川愛美）に誘われ、ピカピカのアラフォー男性CAとしての新生活がスタート。しかしCAデビュー当日、婚約指輪を落としたお客様を助けたことでブリーフィングに遅刻した春田は、機長・黒澤武蔵（吉田鋼太郎）に「今日のフライトからは外れてもらう」と通告されてしまう。落ち込んだのも束の間、片付けを命じられたロッカーから溢れ出てきた大量の紙。そこに描かれていたのは、なんとあらゆる表情の自分のデッサン。
え、え、え、何⁉　つーか、誰が⁉
その後、副操縦士の成瀬竜（千葉雄大）が女性と口論になっているところに出くわした春田は、「もう他に好きなヤツできたし」というセリフとともに、成瀬から突然のキスをされる！　動揺しながらも社員寮に戻り、隣の部屋で暮らす兄貴分の整備士・四宮要（戸次重幸）に波乱の1日を報告すると、四宮から「俺もキスできるよ」と告げられるが、どうやらそれは冗談のようで…。一方、春田と成瀬のキス現場を偶然目撃してしまった黒澤は、心かき乱されながらも、新人CAとして奔走する春田を見守ろうとするが、屋上で夢を語らう中、春田はうっかり黒澤の肩に頭を乗せうたたね…！　黒澤の中で何か“初めての感情”が弾けてしまう。そうしたある日、春田はまた屋上で成瀬と男女が揉めている現場に居合わせ、成瀬のキスは男と別れるためだったと知る。巻き込まれた春田はアイスコーヒーをかけられビンタされる災難に。この出来事を春田に口止めする成瀬。走り去る成瀬が屋上に来た四宮にぶつかると、四宮の手からデッサン画が舞い散った。

2nd FLIGHT
空港の中心で愛をさけぶ

春田の大量のデッサンを描いたのは、なんと四宮だった！動揺する春田に、四宮は春田以外の職場の仲間たちを描いた他のデッサンを見せ、「絵を描くのが趣味なんだよ」と爽やかに説明する。一方、春田は成瀬の恋愛トラブルに「俺を巻き込むのやめてくんないかな？」と問い詰めるが、その裏で、怪文書に加え、CA の有栖川民代（木﨑ゆりあ）の極端な行動により成瀬がパワハラ疑惑をかけられ、パイロット資格はく奪の窮地に立たされていることを知る。しかしそのような状況でも成瀬は頑なな態度を崩そうとしない。一方、春田を想う胸の警告音に動揺する黒澤は「まさか乗務に支障をきたす病気では…」と診療室を訪れると、なんと医師から「恋の病」と告げられる。そんな中、誰より空を愛しているのに不器用すぎる成瀬を放っておけず、春田は懲戒委員会に乗り込む！ 四宮・黒澤の熱弁も背中を押し、成瀬の処分も無事にことなきを得る。成瀬もほんの少しだけ春田に笑みを見せるように。騒動も収まり、春田と緋夏がデートの約束をした翌日、春田は突然、黒澤から“空港の中心”に呼び出される。美しい飛行場の夜景をバックに、黒澤は絶叫。
「春田くんのこと、好きになってもいいですかーーーっ‼」
グレートキャプテンと尊敬する黒澤からの急な告白に動揺する春田。頭を抱えたところ、黒澤はそれを“OKのマル”とまさかの勘違い。「やったー！」と全身で喜びを表現する黒澤に、春田の否定の声は届かないのだった。おかげで一睡もできないまま緋夏とのデートに出かけると、うっかりボールに当たって負傷。緋夏の家で手当てをしてもらう中、いい雰囲気になったところに、なぜか黒澤が登場。え、なんで緋夏の家にキャプテンが？　直後、緋夏から衝撃の事実が告げられる。なんと黒澤機長こそが、緋夏の実の父親だったのだ！

3rd FLIGHT

ENDLESS RAIN

なんと緋夏と黒澤が“親子関係”であると発覚し、衝撃
を受ける春田だが、それ以上に黒澤も「愛する娘と愛す
る春田は恋仲なのか!?」という信じがたい事態に慟哭す
る。緋夏は四宮に、春田を会わせてから父の様子がおか
しいと相談するが、黒澤の気持ちを知る四宮はうまく答え
られない。一方、春田は新路線就航便での機内アナウン
スを任され、ひとり屋上で練習をしていると、またも成瀬
が若い女性と言い争う姿を目撃。社員寮に帰宅後、おせっ
かいにも成瀬に説教しようと近寄るが、その若い女性は
妹だと言い放たれ、「ウザい」と冷たくあしらわれてしまう。
翌日、四宮は広報部からの企画依頼を受け、母校で自分
の仕事について授業をすることに。アシスタントを務める
春田と久しぶりに高校を訪れる。授業を終え、四宮とは
ぐれた春田が校舎を彷徨っていると、どこからかピアノの
音色が…。そっと音楽室の扉を開けた春田は、ピアノを
奏でる四宮を発見。「俺も弾きたい」と、無邪気に鍵盤を
叩き始めた春田を四宮は優しく見つめ、春田の指に自分
の指をそっと重ねるのだった。
そんな中、ついに迎えた新路線就航の日。春田は成瀬の
妹からの電話を会社で受け、成瀬の父が危篤だと知る。
雨の中、成瀬を探して駆け出す春田…。やがて、雨に打
たれるままの成瀬の姿を見つけた春田は思わず成瀬を「な
んか…放っとけねえんだよ！」と強く抱きしめる。一方、
社員寮で緋夏たちと共に、自身の誕生会の準備をしなが
ら春田を待っていた四宮は、飲み物を買いに雨の中でか
ける。が途中、成瀬を抱きしめる春田の姿を目撃し立ち
尽くす。傘をさすのも忘れ、寮に戻ってきた四宮は緋夏
に告げる。
「俺は…春田が好きなんだ」——。

4th FLIGHT
嫌いになれない私たち

四宮から秘めてきた思いを打ち明けられて戸惑う緋夏。
一方、春田のことを好きだという娘のために、黒澤は断腸の思いで恋愛戦線から離脱する決意をする。
数日後、いつになく素直に家族の話をぽつぽつと話しだす成瀬を、春田は四宮の誕生日会に誘い、黒澤も招いて改めて寮で四宮の誕生日パーティーが行われた。そこには胸にフクザツな思いを秘めたおっさんたちが大集結。四宮や成瀬と仲睦まじくする春田の無邪気な様子に黒澤は堪忍袋の緒が切れる。突如「決着をつけようじゃないか！」と、卓球大会の開催を宣言。スマッシュに乗せて、次々に繰り出される男たちの本音──。四宮の春田への想い、黒澤の春田への想いが明らかになり、動揺する春田。皆の想いが明らかになると閉会を宣言し、黒澤は寮を去る。追いかけてきた春田に黒澤は、「好きになるのはもうやめる。ただのキャプテンに戻るから。ごめんな」と泣きながら告げ、思わず春田も涙が溢れる。
そんな中、ラストフライト予定の初号機に不具合が見つかり、原因究明に整備士は奔走する。必死に働く四宮のために、成瀬は人生初の差し入れ、おかかおにぎり 20 個を持っていく。夜中、春田も栄養ドリンクを携え会社に行くと、ソファで肩を寄せて眠る四宮と成瀬の姿が…。無事に初号機はラストフライトに飛び立つが、なぜか気持ちの晴れない春田。しかし、そんな春田を今まで人を寄せつけなかった成瀬が励ますのだった。フライト後、つい心弾んだ春田は、成瀬の好きな古墳の展覧会チケットを入手して寮に帰るが、テラスで四宮が成瀬の頭を撫でる姿を目撃。なぜか手の中のチケットを握りつぶしてしまう。「あれ？ 俺、むかついてる…？」。そうしたある日、小学生の男の子が会社を訪れる。
「お父さん、いますか」──。

5th FLIGHT
俺じゃダメか

写真（中段）左から
長野蒼大（森本翼役）、松島花（森本蘭役）

天空ピーチエアラインを訪ねてきた少年は、なんと四宮の息子だった…！　子どもが1歳になる頃に離婚し、それ以来会っていないという四宮の過去に驚きながらも、なんとか２人を対面させようとする春田。だが、「俺には父親を名乗る資格はない」と、四宮は会おうとしない。そんな中、小学生が航空会社について学ぶ“体験学習”期間がスタート。そこには四宮の息子・翼の姿も。春田は、成瀬や整備士・道端寛太（鈴鹿央士）らと共に小学生の授業を担当するが、子どもが苦手な成瀬がブチギレたり、道端の仕切りが悪かったりと現場は大混乱。しかし四宮を想う成瀬は“整備の仕事がどんなに重要か”不器用ながらも子どもたちに教え、やがて春田の助けもあり、四宮は翼…そして元妻とも対面。再婚を告げられ、幸せになってと背中を押され涙する。一方、泣く泣く春田を諦める決意をした黒澤は娘の恋をアシストしようとするも、若干の空回り気味。父親の邪魔を振り切って、やっとの思いで春田とデートの約束をした緋夏だが、“他の人”のことばかり話す春田を見て、「自分のことを好きではないのだ」という事実に気づいてしまう。デートを中断しようとする緋夏に「俺がんばるから」と春田は食い下がるが「その優しさに…私は傷つきました」と緋夏は笑顔で去る。呆然と寮に帰った春田は、ソファで眠る成瀬の横顔を見つめ、自分の中に生まれた“言い知れぬ感情”に動揺する。その後、またも四宮と笑い合う成瀬を目撃した春田は、激情のままに成瀬に「俺じゃダメか？」と告げるも「ダメです」と即答され、そのまま成瀬に強引にキス。自分のとった行動に心が追い付かないまま春田がリビングに戻ると、四宮から家族と向き合えた感謝とともに、「俺は春田のことが好きだ。俺と付き合ってほしい」と告白される。驚く春田に更に四宮は「まずはお試しで1週間」と提案し…。

6th FLIGHT

俺とお前の七日間

ついつい押し切られた春田は、翌日から四宮プロデュースにより、1日1枚カードを引き、書いてあるイベントを2人で実行するという不思議な7日間に巻き込まれる。
そんな中、天空ピーチエアラインに、嵐を呼ぶ男、獅子丸怜二（山崎育三郎）が降臨。春田と同い年で、2カ月前まで外資系のドバイ航空にいたというCA。眉目秀麗、優秀、更には気さくでいいヤツ…そんな獅子丸の教育係に春田は任命される。いろいろなことがうまく行かない春田はせめて仕事だけでも頑張ろうとするが空回りし、さらにはオフィスで倒れてしまう。周りが見えていない春田に「自分自身を見つめ直せ」と黒澤は叱責する。
一方、その黒澤は娘の緋夏が春田にフラれたと知り、娘のために身を引いた自分の立場はいったい…とモヤモヤ。更に追い討ちをかけるように、春田と四宮がお試しで付き合っていると成瀬から聞かされ、受け入れがたい事実に、火鍋をつつきながらヒートアップ。やがて黒澤と成瀬は、お互いの“恋の利害の一致”に気づき、まさかの結託モードに…。「スカッとしに行きませんか？」と成瀬の誘いにのって、バッティングセンターに向かうと、そこにはお試し期間中の春田と四宮の姿が。鉢合わせした4人はそれぞれの思いを抱え、叫びながらバットを振るのだった。
やがて迎えたお試し交際の最終日。春田が最後の1枚を引くと、カードには「手をつなごう」の文字。四宮はそっと春田の手を取りそして離し、「俺は春田とは付き合わない」とポツリ。春田もまた四宮に、自分の気持ちは、人として先輩として友情としての好きだったと伝え、束の間の7日間は終焉。その夜、暗いリビングで力なく笑う四宮のもとに現れた成瀬は「俺はお試しなんかいらないです」という言葉と共に、突然四宮を押し倒そうとして…？

7th FLIGHT
そして誰もいなくなった

突然やってきたCA・獅子丸の正体は、なんと執行役員だった！　オフィスに現れた獅子丸は、春田たちに冷徹な“組織改革”を告げるが、親友の突然の豹変に春田はどうにも納得がいかない。一方、四宮は黒澤に、春田にフラれたことを報告。それを受け、黒澤も娘の緋夏に春田への想いを告白する。「紛れもなくそれは恋でした——」。しかしこの気持ちは自ら着陸させると言い切る黒澤。未だそんなにも想われていた、と知った春田の目に思わず涙が溢れた。そんな中、春田は寮で四宮と成瀬のぎこちない雰囲気を察する。成瀬に聞くと、キスまでにやるべきことがわからない…と思い悩んでいる様子。不器用なアプローチを放っておけず、春田は成瀬をイルミネーションに誘い、デートの手本を教えようとする。その後2人が寮に帰ると、四宮とグラスを傾ける酔っぱらった獅子丸の姿が！　獅子丸は酔った勢いのままに、春田が成瀬を好きで、成瀬は四宮が好きだと、それぞれの秘めた思いを速攻言い当ててしまう。四宮は春田の恋心に衝撃を受けるも、春田のために成瀬の想いを「迷惑だ！」と強く拒絶するのだった。四宮に振られ寮を飛び出した成瀬を探し、帰ろうと手を差し伸べる春田。そのまま繋がれる2人の手。その背中をなぜか目撃する黒澤。更に寮に帰ると、荷物をまとめて寮を出ていく四宮の姿があった。それぞれの片想いが加速する中、獅子丸から課せられた『お客様感謝デーイベント』が開催。しかし、対応に不満を覚えた客が本社に乗り込んできて責任者を出せと暴れ、制止しようとする春田を庇った黒澤が倒れてしまう。客が天空ピーチエアを長年愛してくれていると気づいた春田によって騒動は無事に解決。しかし翌日黒澤に呼ばれた春田は「パイロットを辞めることにした。来週が最後のフライトになる」と突然切り出され——。

LAST FLIGHT
天空の
メリークリスマス

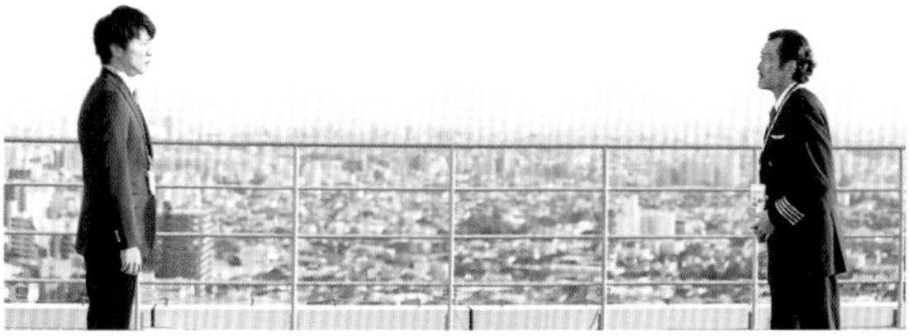

「さよならだ、春田――」。突如告げられた黒澤のパイロット引退宣言。その決断に春田は、自分でも驚くほど激しく動揺。「最後くらい笑顔で送り出すのが愛じゃないの？」と怜二から言われるも心の収拾がつかない。一方、社員寮を出て行った四宮は緋夏に拾われ、黒澤家に居候。黒澤の愛の境地に感銘を受け、なぜか弟子入り。そんな中、グレートキャプテンの退役を受け入れられない春田、成瀬、四宮に、黒澤から呼び出し状が届く。約束の時間、土手に現れた黒澤は「黒澤杯相撲大会」の開催を宣言。不幸体質の四宮には「好きになった自分を否定するな。誰かを愛するって素晴らしいことだろう」、自己完結ばかりの成瀬には「周りを信用してもっと自分を開け」、そして春田には「お前に伝えることは何もない。自分で考えろ」と、黒澤は最後のメッセージを伝え、4人は夕日の中、叫びぶつかりあう。その後四宮は寮に戻り、以前のような笑顔が寮に溢れる。春田は四宮に甘えるが、四宮は「お前のリクエストはもう聞かん」と笑う。一方、成瀬は春田に「自分が変われたのは春田のおかげだ」「春田は自分にとって大切な人だから付き合うことはできない」と心からの感謝と愛を伝え2人は友情のハグをする。そして迎えるクリスマスイブ、黒澤のラストフライト。機内アナウンスを志願した春田は「僕たちクルーは機長に愛された分、自分も誰かを愛したい、幸せにしたいって思ってここに立っていられる」と言葉を紡ぐ。フライトを終え、多くの仲間に見送られる黒澤。しかしそこに春田の姿はなく「ヘリポートで待つなり」という紙が黒澤に手渡される。そして美しい空の下、春田は黒澤に「好きになってもいいですかー？」と告げる。尊敬か、友情か、恋愛か、自分でもわからない。けれどその愛に向き合いたい。信じられない結末に涙する黒澤は、春田を抱きしめるのだった。

Office

WELCOME TO

天空ピーチエアライン

働く人同士が家族的な絆で結ばれ、なんでも言い合える
オープンな航空会社。みんなの職場をミッチーが紹介。

AIRPLANE & AIRPORT

「パイロットやCAのみなさんの主戦場は飛行機の中。それを支える航空整備士の仕事が僕は大好きです！
“ボルト1ミリの緩みも許さない” がモットーのシノさんの背中を追いかけてます」

OFFICE BUILDING

「空港内にオフィスビルがあります。役員室や会議室、診療室もこのビルにあります。自然光が気持ちいい吹き抜けのラウンジは一息つくのに最適な空間です」

SUPPLY WAREHOUSE

「航空整備士の備品倉庫です。管理責任者はシノさん。細かい道具もきっちり正しい位置に。緋夏さんは広報担当なのでいろんな場所でお見かけします (^^)」

a

WORKPLACE

「主に飛行機に関わるスタッフのフロアです。
広報の緋夏さんはコーポレートスタッフのフロアにデスクがあります」

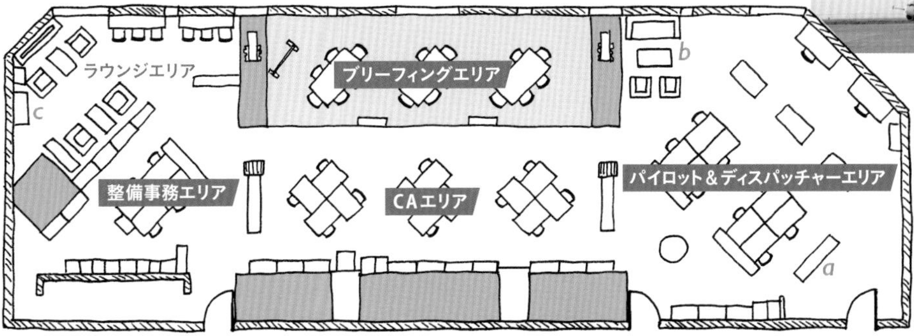

ブリーフィングエリア

「クルーがブリーフィングを終えて出発するとき、近くにいるスタッフは『いってらっしゃい』と見送ります」

パイロット＆ディスパッチャーエリア

「乗員部エリアには黒澤キャプテン、コーパイの成瀬さん、ディスパッチャーの烏丸さんの席があります」

整備事務エリア

「僕たち整備士の主な職場は飛行場や格納庫ですが、オフィスのデスクで事務作業をしたりもするんです」

CAエリア

「春田さん、根古さん、十文字さん、有栖川さんたちCAさんのデスクは、置いてある私物が個性的です」

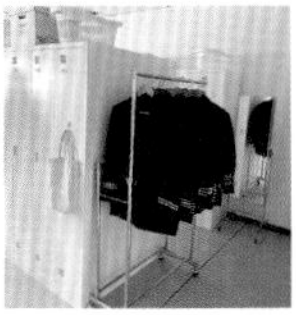

裏手にある
ロッカールーム

てんピチくん
パネルを発見

c ラウンジエリア
のおかし

b「乗員部」エリア
にある応接セット

春田さんの
デスク
で発見！

MEGUMIさん的キャラクター解剖

根古さんは見た！

「たぶん根古さんはアパレルからの転職組で、経験豊富で恋愛観も寛容。だから天空ピーチの面々を面白がりながら応援してるはず」と自らの役を語るMEGUMI さんが、愛をもって各キャラを分析。

めぐみ◎ 1981 年、岡山県出身。2001 年にデビュー。バラエティ番組で人気に。近年は女優としてドラマ、映画、舞台でも活躍。

みんなの背中を押す役

根古さんは昔から旅行が好きで、世界のあちこちに性別国籍年齢問わず、たくさん友だちがいるんだろうなと思って演じています。広い世界を知っているから懐が深くニュートラルで、どんなことも「そういうこともあるよね」と思っている。だからみんなに恋愛相談されて、面白がりつつも背中を押しています。

この作品で恋をする人はみんな一生懸命で、役者さんも「思わず本音が出ちゃっている」と感じるような豊かな表現力で演じているから、見るほうも一緒に泣いたり怒ったりできるんですよね。小学5年生の息子のクラスの女子たちがハマるくらいピュアな純愛。辛口ながらいつも未来を明るくとらえている根古さん役として、彼らの恋を応援できてとても楽しかったです。

頑張れ！
春田！

about 春田 / 自分のダメさを出せるのが魅力。モテるのは仕方ない

春田とは同い年ですが、根古はかなりおねえちゃん風を吹かせています。春田は初日から遅刻するし、仕事もモタモタしてるし、絶妙にイラッとさせることを言ってくるからそれをスパンスパンと斬ってく間柄。でも、普通ならプライドが出てくる年齢なのに自分のダメさを人前で出せるところが、春田の魅力だと認めています。モテる理由もそれだと。ただ、自分の意志ではなく、困ってる人を助けたい、かわいそうだから何かしてあげたいという感情で動くので、大丈夫かなぁとは思っている。巻き込まれ人生だけど、成瀬には自分から行ったので、成長を感じたりして。今後どうなるのか…。キャプテンが幸せそうで良かったなと思うし、先のことはわからないけど、今の自分の幸せを大切に生きてねと願っています。

体験学習に来た小学生の前で、救命胴衣を前後反対にしちゃう春田(5話)。ドジなのにかわいいと思わせてしまうのは、根本が優しくていい奴だから。

about 武蔵 / 瞳の水分量が赤ちゃんと同じ。誰よりもピュア

キャプテンはずるいですよね。あんなにシブいのに、赤ちゃんと同じ水分量のウルウルしたきれいな目で。本当に春田のことが好きだったり、本当に娘のことを大切に思ってたりする純粋さが伝わります。私のまわりでいちばん共感を集めているのが黒澤キャプテンで、大人になって若い子を好きになってしまったときのあのズレた感じ……メールがすごく長くなったり、自分で自分をコントロールできなくなる感じが「わかるわ〜」と。「好きになってもいいですかー！」と絶叫して相手がピンと来ていないのも、フラれて傷ついて、「一晩寝たら立ち直った」と言いながらサングラスの下の目が泣き腫らして真っ赤なのも、身に覚えのある切なさ。「これが恋だな、いいな」と応援しています。

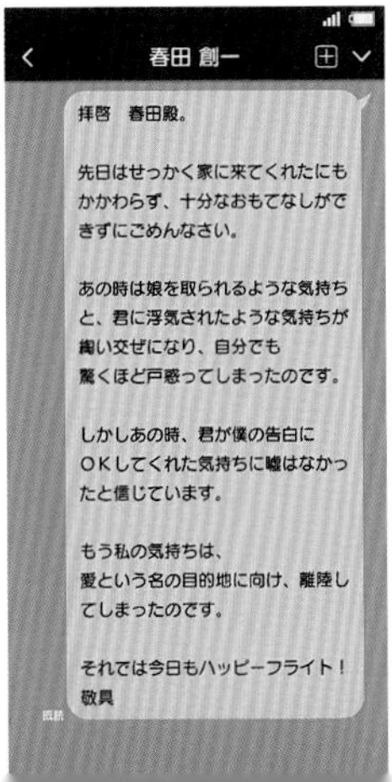
春田 創一
拝啓　春田殿。
先日はせっかく家に来てくれたにもかかわらず、十分なおもてなしができずにごめんなさい。
あの時は娘を取られるような気持ちと、君に浮気されたような気持ちが綯い交ぜになり、自分でも驚くほど戸惑ってしまったのです。
しかしあの時、君が僕の告白にＯＫしてくれた気持ちに嘘はなかったと信じています。
もう私の気持ちは、愛という名の目的地に向け、離陸してしまったのです。
それでは今日もハッピーフライト！
敬具
既読

2話のメール。長いし、「拝啓」とか書いちゃう感じがもう……。内容を読むと、シノさんよりさらに重いのがわかる。

メールが
長くなるの
わかるわ〜

about 成瀬 成瀬を変えた革命的な恋。長く続いてほしい！

成瀬は多分すごいものを抱えて生きていて、でもそれを人前に出すとびっくりされちゃうから、普段めちゃくちゃ抑えてるんでしょうね。ときどき抑えきれなくて、急に走ったり、急にキレたりするからびっくりするんだけど、根古的にはそれがツボで。シノさんのことを好きになって、だんだんほぐれてくるのにもグッと来てます。本当はぶすっとしてるほうが自分らしいし楽なんだけど、シノさんを見てるとつい微笑が漏れちゃう。その感じがチャーミングですよね。根古は完全に成瀬派で、成瀬はいつ笑うんだ？と観察していたので、「ついに笑った！　かわいい〜」と。２人とも不器用でまだ距離を詰めている段階だけど、成瀬に革命をもたらした恋が長く続いたらいいなと思ってます。

４話、春田に思いを伝えないシノさんに「でもそれじゃ、ずっと満たされないままですよね？」と問いかける成瀬。いつもとは違う表情になっている。

成長を感じる〜

いやその提案、「ホットドッグ・プレス」のやつ！

5話で春田に告白し「お試し交際」を申し込むシノさん。日替わりのデート内容がこれまた昔の男性誌の特集みたいなラインナップなんですよね。

about 四宮 昭和の香りが漂う健気な恋愛観がたまらない

生クリームを鼻にくっつけてかわいいとか、なんだそれと思っています。根古とシノさんは長い付き合いで、別れた奥さんのことも別れたいきさつも知っているからこそ、5話で頑なに「蘭と翼には会わない」と言うシノさんに「ダッサー！」と言う。ふざけながらも核心をつく大人の会話ができるいい関係です。勝手に未来を想像して勝手に傷ついて、幸せを自分から放棄しようとする人って男女問わず多いと思うんですが、そういう人の背中を押したい母性が根古にはあって、対シノさんにはそれが強いですね。シノさんって不器用で、そして古い。学生時代に「ホットドッグ・プレス」とかの雑誌で学んだ知識を今も恋愛に落とし込んでいる感じがたまらなくダサいんだけど、本人は大真面目だからまわりも何も言えなくて。胃袋をつかむというやり方も昭和っぽいし。でも頑固さとずっこけ感が入り混じった感じが、すごく好きです。

about 天空ピーチメンバー / みんな違ってみんないい。個性豊かな最高のチーム

民代は今どきの子で基本やる気がないんだけど、根古はそれに向き合うのも面倒なので１杯しかコーヒーが売れなくても「よかったね〜」ととりあえず褒めます。厳しくしてパワハラと言われても困るのでね。ほどよい距離で仲良くやってます。

十文字さんはお姫様みたいな人で、転職組の多いこの会社に珍しく正統派プロセスでCAになった人なのかなと。だから根古は「この人を傷つけちゃいけない」と思っていて「そうですね〜」と全肯定するスタンスをとっています。謎に。

根古はうまいこと人と距離を詰めたり離れたりして楽しく生きている大人。たぶんめちゃくちゃ遊んでて何人も男がいて、パイロットもちょいちょいいってると思います。経験値が高いからよく相談を受けて、面白がりつつみんなを応援しています。

ミッチーは「かわいいね〜」「そうかそうか〜」とみんなに愛される子犬。根古は「緋夏ちゃんとうまくいきそうでよかったね〜。きれいなお姉さんだもんね〜」と、雑にくっつけたがるおばさんのようなスタンスで見守っています。

春田にふられて、父親と先輩が恋敵で、結局全員ふられて家に集合した……という話を聞いてすっごいびっくりしました。でも緋夏ちゃんが落ち込んでるからあまり何も言わないほうがいいと思って「まぁ令和だしねー」と言う根古でした。頑張れ！

孫《まご》さん、いつも目が血走ってるんですよね。この人ヤバいなと思って根古が唯一距離をとっている人です。急に的を射たことを言うのとかも不気味なんですが、春田たちは頼ったりもしてるから、なんとなく烏丸さんと根古のふたりが意外にチーム全体を支えてるのかなとも思っています。

怜二はすっごくかっこいいけど、急に歌うし、踊るし、カメラもまともに使えないので、なんじゃこいつと思っています。でも根古はそのずっこけ具合を面白がっていて、多分仲良くクラブに通っています。それで一緒に海外旅行の計画立てたりしそうです。

ふたりのこと

シノさんにどんな過去が？　成瀬どうしてそうなった？
気になる両者のバックグラウンドを、
戸次重幸さんと千葉雄大さんと一緒に考えてみました。

about 成瀬　by 千葉さん

なぜ「誰とでもキスできる男」に？

さみしかったからじゃないかな…。冷徹な人間だからそうしていたわけじゃなくて、手っ取り早くさみしさを埋める手段としてそうしていたんだと思います。でも、そんなことを繰り返しても余計さみしくなるしつらくなるだけで、続けるうちに『人間なんてまったく信用できない』と言うまでになってしまった。お父さんと折り合いがよくなかったこともあるけどそれだけじゃなくて、子どもの頃からずっと、よりどころのない気持ちを持て余してきたのかなと。

成瀬を忘れられず押しかけてきた轟正輝（とどろき・まさき）29歳。

学生時代

なんとなく、中高一貫の男子校に奨学金で通っていたとか…。男子校独特の雰囲気と苦学生だったことなどが、あの性格に影響していたりして…。何があったからそうなった、とかではないかもしれないけど。人参が嫌いだったり、グラタンばっか食べたり、子ども相手に本気になったり、本気で好きになったことがなかったり、フラれたことがなかったり…。なんていうか、子どもっぽさが残ったままの人ですよね。

黒い服、グラタン。
一度信じたものには一途。

パイロットを志した理由

物心ついたときからの憧れだったんじゃないかな。パイロットが主人公の映画やドラマを見て共感したりして。僕も幼稚園の頃に毛利衛さんの活躍をテレビで見て宇宙飛行士になりたいと思っていたので、そういう風に自然と心に芽生えたのかなと思います。きっと一人遊びが好きな子どもで、おもちゃの飛行機をブーンと飛ばす遊びもよくしていたのでは。レゴで作った町にズドーンと突っ込んだりとか、ちょっとバイオレンスなこともしたりして（笑）。

心がしんどいときは寮のテラスで童心にかえる…。

成瀬の会社のデスクには自作と思われる飛行機のナノブロックが。

古墳が好きな理由

えっ（笑）!? それははっきり考察できているわけじゃないんですが、僕自身エジプト文明やピラミッドに興味があって、歴史資料を読むのが好きなんです。トトとかアヌビスとか神様の物語を知るのが楽しくて。成瀬も古墳の本を読んでそういう太古の物語を楽しんでいるのかもしれない。僕はテレビの仕事でエジプトの遺跡の発掘現場に行ったとき、スペクタクルな感じにとても興奮したので、成瀬も古墳に足を運ぶとやっぱり高揚するんじゃないかと思います。

『前方後円墳—巨大古墳はなぜ造られたか』（吉村武彦・吉川真司・川尻秋生 編、岩波書店）

四宮要と成瀬竜 もうちょっと知りたい

about 四宮 by 戸次さん

整備士になった理由

飛行機そのものへの愛があるのと、基本的に理系なんでしょうね。四宮の真面目な性格も適しているんだと思います。飛行機の説明書はすべて英語で、しかも日々更新される新システムに対応するために整備士は毎日勉強をしなければならないそうです。整備士になった後も大変なので、合間に料理を作ることで息抜きをしつつ、地道に努力し続けられる人なんだと思います。僕は大学で土木工学を専攻していたのですが、毎日微分積分をやってこれは地獄だと感じていたので、シノさんはすごい。

整備士のプライドと飛行機愛にあふれる四宮。

料理の腕前

四宮の料理好きは根っからだと思います。そうでないと餃子は皮から作らないですよね（笑）。研究肌だからいろいろ試して、自分で食べるのも人に振る舞うのも好きで。蘭と結婚していたときも料理や家事をよくやっていたのではないかと思います。四宮はピアノも弾けるし、絵も描けるし、飛行機の整備もできるし、料理もできる。なんでもできるけど、恋愛には奥手という…そこでバランスをとっているんでしょうか（笑）。

餃子を包む手つきも慣れたもの。

描き心地がお気に入りのとデッサンペンとスケッチブック。

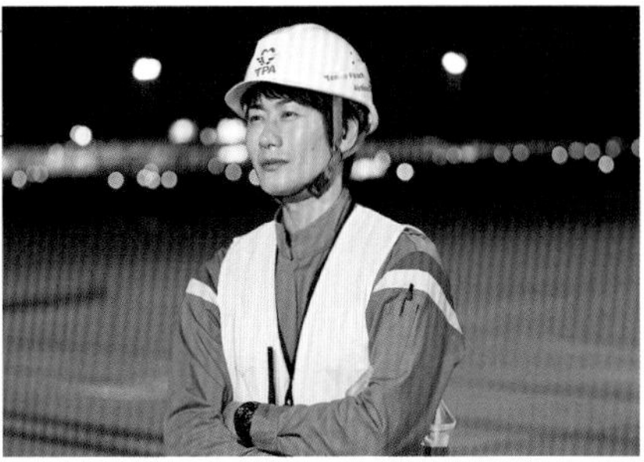

結婚と離婚について

ひとりで生きていくのはさみしいし、子どもも好きだったし、蘭さんに好意を寄せられて「この人と一緒にいたら楽しそうだな」と思えたから結婚したんだと思います。家族愛はたしかにあって、実際すごく優しくて、でも四宮が男性を好きだと気づいた蘭さんは優しくされるほどつらくなってしまって家を出た…。『ボヘミアン・ラプソディ』のフレディ・マーキュリーみたいですよね。奥さんに「僕はバイだ」と言ったら「いいえ、あなたはゲイよ」と言われる、だけどフレディは奥さんのことをちゃんと愛していた。四宮も、男性が好きな気持ちと蘭さんを好きな気持ちは相反する感情ではなく同時にあったと思います。それでも蘭さんは四宮の時間を奪うのは悪いと思って、去っていったのかな。

元妻の蘭は元CAで今はホテルマン。離婚したとき1歳だった翼は10歳に。

あの頃弾いた曲、時間が経っても指は覚えていた…。

学生時代

先輩として来訪したのは共学の公立高校みたいでしたね。のほほんと通いつつ、音楽の先生と放課後に…。それが初恋だったんだと思います…。あとは理系クラスでひたすら微分積分をしていたのではないでしょうか…。

ある日の シノメシ

分量とか大ざっぱに見えて完璧主義で手が込んでいる。
実家から送られてくる野菜を活用した。
春田の胃袋を掴むオトコ飯。

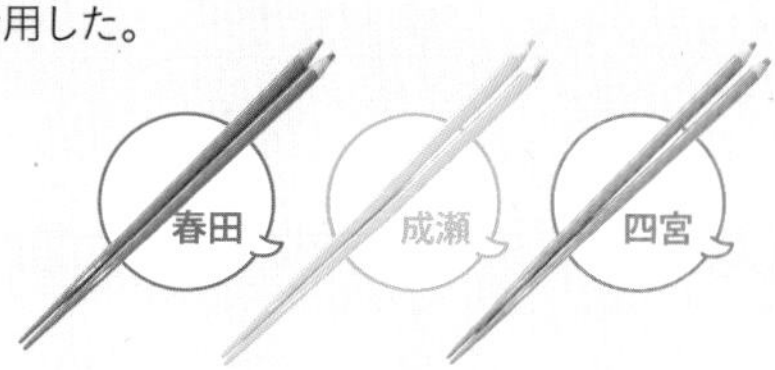
春田
成瀬
四宮

めちゃくちゃ
うまそうじゃん！
味見味見味見
味見…！

#1

歓迎会で食べてきた春田もしっかり完食

豚バラミルフィーユ肉団子野菜丼

材料（2人前）

豚バラ薄切り…500g／✻にんにくすりおろし…少々／✻醤油…小さじ1／片栗粉…適量／ごま油…大さじ1／キャベツ…1/8個／醤油…大さじ1／みりん…大さじ1／酒…大さじ1／ごはん…丼ぶり2杯分／卵…2個／青ネギ（小口切り）…適量

作り方

1. 豚バラ肉は、下味✻を揉みこみ丸め、片栗粉をまぶす。
2. フライパンにごま油をひき、**1** の肉だんごを回しながら焼き火が通ったら皿に取る。フライパンの余分な油をふき取り、ざく切りにしたキャベツを入れて炒める。
3. 肉だんごを戻し入れ、みりん・酒・醤油を入れてから混ぜる。
4. 丼ぶりにごはんを入れ、炒めたものを乗せる。
5. 真ん中に生卵を割って乗せ、青ネギを散らしたら完成。

#2

デッサン描いてるのがバレた！

太麺焼きそば

材料（2人前）

太麺の焼きそば麺…2玉／みりん…大さじ1／豚肉…100g／✻醤油…小さじ1／✻酒…小さじ1／✻にんにくすりおろし…少々／キャベツ…1/8個／人参…1/2本／サラダ油…大さじ1／紅ショウガ…お好みで【ソース】オイスターソース…大さじ2／醤油…大さじ1／みりん…大さじ2／ウスターソース…大さじ1／ごま油…大さじ1

作り方

1. 豚肉は一口大に切り、下味✻を揉みこむ。キャベツはざく切りに、人参は短冊切りに切る。
2. 油を引き、よーく熱したフライパンに麺を入れ、みりんをふりかけてほぐしながら炒め、一旦皿に取り出す。
3. 豚肉を炒め、火が通ったら、人参・キャベツを入れて炒める。
4. 麺を戻し入れ、混ぜ合わせたソースの材料を入れて、絡めながら炒める。
5. お好みで紅ショウガを入れて食べる。

つうか
紅ショウガ
食いすぎ
ですよ！

#2
ひとりでもきちんと食べます
柔らか簡単鶏チャーシュー

ねえ
シノさん、
これまだ
ある？

成瀬から春田とキスをしたと言われる。おまけに「四宮さんって、自分の中でひたすら抑えて、我慢して耐える系ですよね」だと…。

材料（２人前）
鶏もも肉…２枚／✻砂糖…大さじ１／✻塩…１つまみ／長ネギ…1/2本／人参…1/4本／ごま油…大さじ１／水…200cc／醤油…100cc／砂糖…大さじ４／酒…100cc／みりん…50cc／生姜…１かけ／長ネギの青い部分…１本分

作り方
1. 鶏もも肉は余分な脂身を切り落とし、下味✻を揉みこみ30分以上置いておく。※こうするとしっとりする。
2. 人参は10㎝長さ１㎝角の拍子切りにして塩茹でし、長ネギも10㎝長さに切る。
3. 鶏もも肉の皮目を下にして、中央に人参と長ネギを１本ずつ置き丸めたら、繋ぎ目を爪楊枝で閉じる。
4. **3** が２本ギリギリ入るくらいの大きさの鍋に、ごま油を入れて熱し、繋ぎ目を下にして入れ、転がしながら全面に焦げ目がつくまで焼く。焼けたら味付けの材料を全て入れて中火にかけ、沸騰したら弱火にして蓋をし８分煮る。そのまま常温で冷めるまで置く。
5. １㎝幅に切って皿に盛る。

#3
春田と成瀬と３人で食べた
鶏むね肉の餡かけ

じゃあ、
おかわり
してきます

材料（２人前）
鶏むね肉…400g／✻塩・胡椒…少々／✻酒…大さじ２／片栗粉…適量／人参…1/2本／玉ねぎ…1/2個／シイタケ…２個／ごま油…大さじ４／水菜…適量　【甘酢餡】醤油…大さじ４／酢…大さじ３／砂糖…大さじ２／酒…大さじ２／生姜すりおろし…少々／和風顆粒だし…小さじ３／水…300cc／片栗粉…大さじ１

作り方
1. 鶏むね肉はそぎ切りにし、下味✻をふりかけ、片栗粉をまぶして、フライパンにごま油を引いて焼く。
2. 肉に火が通ったら皿に取り出し、フライパンの余分な油を拭き、細切りにした人参、玉ねぎ、薄切りにしたシイタケを入れて炒める。
3. 混ぜ合わせた【甘酢餡】の調味料を加えてとろみが出るまで煮たら、ざく切りにした水菜を加える。
4. **2** で取り出した肉の上に餡をかける。

#4
お湯入れすぎた!!
皮から作るナス入り餃子

おっ？
今日は水餃子
ですか？

焼き餃子だよ

えっ？
ごめんなさい

材料（２人前）
サラダ油…大さじ２／お湯…300cc／ごま油…適量【皮】強力粉…200g／熱湯…100cc／塩…１つまみ【餡】合挽き肉…120g／ナス…２本／青ネギ(小口切り)…1/2パック／味噌…大さじ２／ごま油…大さじ１／酒…大さじ２／塩・胡椒…適量【タレ】醤油・酢・ラー油…お好みで

作り方
1. ボウルに【皮】の材料をすべて入れ、菜箸でぽろぽろになるまで混ぜたら、手でひとまとめにして30分以上室温におく。
2. 筒状にして、20等分に切り、一つ一つ丸く平らに伸ばす。
3. ナスは８㎜角に切り、【餡】の材料をすべて混ぜ合わせる。
4. 皮の中心に餡をのせ、ひだを作りながらとじる。
5. フライパンにサラダ油を引き中火で熱し、餃子を並べる。
6. 下に焼き色がついたら、お湯を入れ▲、蓋をして蒸し焼きにする。水分がなくなったらごま油を回しかけ、下がパリッとしたら器に取る。
7. 醤油、ラー油、酢をお好みでつけて食べる。

▲入れすぎ注意

#4

俺の41歳の誕生日会再び
スパム入りキムチ鍋

人参の風味…

いいじゃん1個くらい
いいよ俺んとこ移していいよ

春田、俺にもくれ！（キャプテン）

材料（4人前）
豚バラ肉…300g／白菜キムチ…300g／人参…1/2本／キャベツ…1/4個／長ネギ…1本／エリンギ…1パック／トマト…2個／スパム…1/2缶／ナス餃子（p77レシピ参照）…6個／ごま油…大さじ2／中華だし…大さじ4／酒…大さじ2／合わせ味噌…大さじ4／青ネギ（小口切り）…適量

緋夏ちゃん、道端と用意して中止になった俺の誕生日会メニュー。肉巻きおにぎり、ケーキ、カルパッチョ、野菜スティック、唐揚げとフライドポテト、スープ、ピザ

作り方

1. 豚バラ肉は一口大に、人参は短冊切り、キャベツはざく切り、長ネギは斜め切り、エリンギは1/4、トマトはくし切り、スパムは1㎝幅に斜めに切る。

2. 土鍋にごま油を引き、豚バラ肉・人参・エリンギを炒める。

3. **2**の鍋に白菜キムチ・キャベツ・長ネギを加えて具材が浸るまで水を入れ火にかける。沸騰したら、中華だし・酒・ナス餃子・別鍋で焼いたスパムを加えてさらに煮込む。

4. 合わせ味噌を溶き入れ、トマトを入れてひと煮立ちしたら、青ネギを入れて完成。

#4

春田と成瀬の分も作り置き
オニオングラタンスープ

うまい…

初めて整備したシップのラストフライト、色々あったけど間に合った！

材料（3人前）
玉ねぎ…1個／ベーコン…60g／エリンギ…1/2パック／ミニトマト…9個／フランスパン（1㎝幅）…3枚／オリーブオイル…大さじ1／固形コンソメ…1個／水…900cc／塩・胡椒…少々／ミックスチーズ…適量／パセリ…適量

作り方

1. 玉ねぎは半分に切り繊維を切るように薄切りにする。ベーコンは拍子切り、エリンギは横半分に切って薄切りにする。

2. 鍋にオリーブオイルを引き、玉ねぎを加えて炒める。飴色になったら、ベーコン・エリンギを入れて炒める。

3. 水を入れて煮立ったらミニトマト・コンソメを入れる。コンソメが溶けたら塩・胡椒で味付けする。

4. スープ皿に、**3**を入れ、焼いたフランスパン・ミックスチーズ・パセリを入れる。※後で食べる場合は、スープの粗熱を取ってから盛り付け、冷蔵庫で保存。

5. すぐに温める場合電子レンジで600Wで1分程度（チーズが溶ければOK）、冷蔵保存のものは600Wで3分ほど温める。

#5

父親の資格
なんてない俺の
目玉焼きのせナポリタン

材料（2人前）
太麺パスタ…200g／玉ねぎ…1/4個／ナス…1本／しめじ… 1/4パック／ピーマン…1/2個／ウインナー…4本／バター…20g／ケチャップ …大さじ6／コンソメ…小さじ1／塩・胡椒…少々／目玉焼き…2個

作り方

1. 玉ねぎはくし切り、ナスは乱切り、しめじは石づきを取りほぐし、ピーマンは2㎜幅の細切りにする。ウインナーは斜め切りにする。

2. 大きい鍋にたっぷりのお湯を沸かし、塩（分量外大さじ1くらい）を入れて、パスタを袋の表示通り茹でる。

3. フライパンにバターを引き、玉ねぎ・ナス・しめじ・ピーマン・ウインナーを入れて炒める。

4. 炒まったら、**2**のパスタ・ゆで汁30cc・ケチャップ・コンソメを入れてさらに炒める。

5. 混ざったら塩・胡椒を入れて味を調える。

6. 皿に盛り、目玉焼きを乗せて完成。

#5

ホワイトソースだし成瀬も食うだろ

クリームシチュー

材料（4人前）

ジャガイモ（大）… 2個／玉ねぎ…1/2個／しめじ…1/2パック／ブロッコリー …1/2房／海老 …8尾／鶏もも肉…1枚／無塩バター…50g／薄力粉 …50g／牛乳…500cc／顆粒コンソメ…小さじ1／塩…少々／白胡椒…少々

作り方

1. ジャガイモは一口大に、玉ねぎはくし切り、しめじは石づきをおとしてほぐし、ブロッコリーは房に切る。海老は殻をむいて背ワタを取り、鶏もも肉は一口大に切る。

2. 大きめの鍋に、無塩バターを入れ火にかけて鶏もも肉・海老を加えて炒める。

3. 色が変わったら、玉ねぎを入れて炒め、透明になってきたら薄力粉を入れて炒める。

4. 牛乳で伸ばし、顆粒コンソメ・ジャガイモを入れて煮る。

5. ジャガイモに火が通ったら、しめじ・ブロッコリーを入れてさらに煮て、火が通ったら塩・白胡椒で味を調える。

春田に成瀬をメシだと呼んでくるように言ったけど春田ひとりで戻ってきた。俺は春田に、家族と向き合えたこと、前に進もうと思えたことの感謝を言って、そして「好きだ」と告白したんだ。

#6

お試し7日間の1日目「オムライスを作ろう」

オムライス

材料（2人前）

玉ねぎ…1/2個／鶏もも肉…1/2枚／バター…20g／ケチャップ…大さじ3／顆粒コンソメ…小さじ1／ごはん…300g／塩・胡椒…少々 【オムレツ】卵… 6個／生クリーム…大さじ6／塩・胡椒…少々／サラダ油…大さじ4／ケチャップ… 適量／パセリ…適量

作り方

1. 玉ねぎはみじん切り、鶏もも肉は1㎝角に切る。

2. フライパンにバターを入れ火にかけて、溶けてきたら玉ねぎ・鶏もも肉を炒めケチャップ・顆粒コンソメを入れてさらに炒める。

3. **2** にごはんを入れ炒め合わせたら、塩・胡椒で味を調え、半量ずつ2皿に分けて盛る。

4. 卵3個・生クリーム大さじ3・塩・胡椒をボウルで混ぜ合わせる。

5. 20㎝丸くらいのフライパンに、サラダ油大さじ2を引いて熱し、**4** を一気に流し入れ、円を描くように菜箸で混ぜ合わせる。底に膜が出来たら、手前3分の1くらいをフライ返しで折り、奥に滑らせて、フライ返しで奥側をとじてラグビーボール型にし、ひっくり返す。※中に火を入れすぎないよう注意。

6. **3** の皿に上から **5** のオムレツをのせ、包丁で長い辺を端から端まで切って広げる。

7. ケチャップで好きな絵をかいて、パセリをかけて完成。

#7
今日は遅いのか？　寮にいたらメシ食おう
ボルシチ

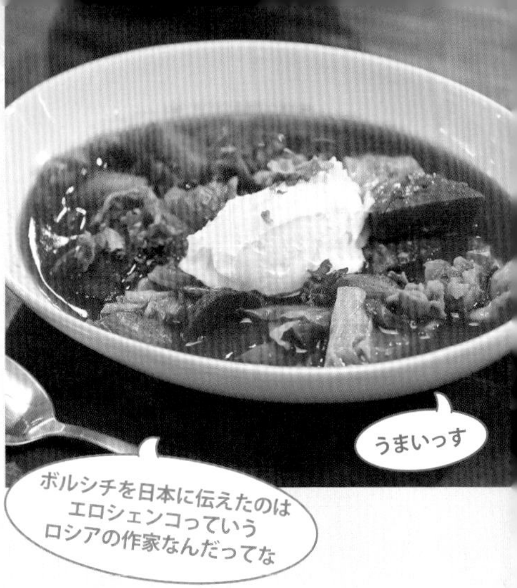

うまいっす
ボルシチを日本に伝えたのは
エロシェンコっていう
ロシアの作家なんだってな

材料（４人前）
牛肉ブロック（煮込用）…400g ／玉ねぎ…１個／人参…１本／キャベツ…1/4 個／ビーツ（水煮・汁も使用）…６個分／顆粒コンソメ…10g ／有塩バター…10g ／トマト缶…１缶／水…1000cc ／塩・胡椒…少々／サワークリーム…適量／パセリみじん切り…適量

作り方
1. 牛肉ブロックは 5㎝角に、玉ねぎはくし切り、人参は乱切り、キャベツはざく切り、ビーツはスライスにする。
2. 深めの鍋にバターを入れ火にかけて、牛肉を入れて塩・胡椒をして焦げ目がつくまで炒める。
3. 人参・玉ねぎを入れて周りが透明になるまで炒める。
4. 水・顆粒コンソメを入れて１時間くらい煮込む（時間がない場合は圧力鍋で加圧５分・放置 10 分 するといい）。
5. トマト缶・ビーツ・キャベツを入れてさらに 30 分煮込む。
6. 塩・胡椒で味を調え、皿に盛りサワークリームとパセリを上にのせて完成。

美味しい。上手に揚がってるねぇ
泊めて頂いている御礼です

#8
寮を出てキャプテン宅でお世話になる
お煮しめ & ノーマル天ぷら

お煮しめ

材料（３人前）
大根…1/4 本／タケノコ（水煮）…1/4 個／里芋（冷凍でＯＫ）…３個／人参…1/4 本　【調味料】水…300cc ／和風顆粒だし…大さじ１／酒…大さじ１／みりん…大さじ１／薄口醤油…大さじ１／塩…少々

作り方
1. 大根は 1㎝幅の輪切りにして下茹でする。タケノコはくし切りに、人参は斜め薄切りにする。
2. 調味料を入れて火にかける。煮立ったら大根・タケノコ・人参・里芋を入れて 15 分ほど煮て、火をとめ、粗熱が取れたら余分な水分をふき取る。

ノーマル天ぷら

材料（３人前）
サツマイモ…1/2 本／カボチャ…1/8 個／レンコン…1/2 本／ナス…１本／海老…３尾／ししとう…３本　【天ぷら衣】薄力粉…200g ／卵黄…２個分／冷水…300cc

作り方
1. サツマイモは１㎝幅の斜め切りにし水につけておき、カボチャは５㎜幅の薄切り、レンコンは８㎜幅の輪切りにする。ナスはヘタを取って 1/4 にし、扇状に切り水につけておく。海老は殻をむいて背ワタを取り、腹の部分に切れ込みを入れて伸ばす。ししとうはヘタを切り揃えて爪楊枝で数か所穴をあける。
2. ボウルに冷水・卵黄を入れて混ぜ合わせたら薄力粉を加えてさっくり混ぜる（硬いようなら水を、柔らかいようなら薄力粉をたす）。
3. 天ぷら鍋に７分目まで油を入れて、それぞれ衣をつけて揚げる。バットに上げ、余分な油が切れたら皿に盛る。
ポイント※ **160℃〜 170℃**（菜箸を入れて先から細かい泡がでる）サツマイモ・カボチャ・レンコンを揚げる。※ **170℃〜 180℃**（菜箸を入れて箸全体から細かめの泡がでる）ナス、海老を揚げる。※ **180℃〜 190℃**（菜箸を入れて箸全体から勢いよく泡がでる）ししとう、お煮しめを揚げる。
4. お好みで天つゆか塩で食べる。
※お煮しめは、前日余っていたものを揚げてもよい。

#8

寮に戻った！　前みたいにメシ食おう

ピリ辛肉じゃが

材料（3人前）

ジャガイモ（中）…4個／人参…1本／玉ねぎ…1/2個／にんにく…2片／牛肉（細切れ）…200g／ごま油…大さじ1/2／塩・胡椒…少々／絹さや（茹で）…5枚／糸唐辛子…お好みで【野菜煮込み用調味料】ごま油…大さじ1／水…300cc／和風顆粒だし…大さじ1／砂糖…大さじ3／みりん…大さじ3／酒…大さじ3／醤油…大さじ3／豆板醤…大さじ1

作り方

1. ジャガイモは一口大に、人参は乱切りに、玉ねぎはくし切りに、にんにくは皮をむいてつぶす。絹さやは斜め半分に切る。

2. 深めの鍋に、ごま油・にんにくを入れて火にかける。にんにくの香りが立ってきたら、ジャガイモ・人参・玉ねぎを入れて透き通るまで炒め、水を入れる。

3. 沸騰したら和風顆粒だし・砂糖・みりんを入れて5分くらい煮たら、酒・醤油を入れて弱火で20分くらい煮て、豆板醤を汁に溶き入れる。

4. フライパンにごま油を引き牛肉を炒め、塩・胡椒を振る。

5. **3** に **4** を加えて5分ほど煮たら、絹さや・糸唐辛子を乗せて完成。

#8

冷凍じゃない、成瀬の好物

グラタン

材料（2人前）

玉ねぎ…1/2個／マッシュルーム…6個／ほうれん草…1/4束／海老…6尾／鶏もも肉…1/4枚／マカロニ…50g／無塩バター…10g／薄力粉…10g／牛乳…300cc／塩…少々／白胡椒…少々／ミックスチーズ…適量

作り方

1. 玉ねぎはくし切り、マッシュルームは半分に切る。ほうれん草は塩茹でし、3cmの長さに切る。

2. 海老は殻をむいて背ワタを取り、鶏もも肉は一口大に切る。

3. マカロニを袋の表示の分数茹でる。

4. 大きめの鍋に、バターを入れ火にかけて鶏肉・海老を加えて炒める。

5. 色が変わったら、玉ねぎを入れて炒め、透明になってきたらマッシュルーム・薄力粉を入れて炒める。

6. 牛乳で伸ばし、**3** で茹でたマカロニを入れたら、塩・白胡椒で味を調える。

7. 耐熱皿に入れ、ほうれん草・ミックスチーズを乗せ、オーブントースターでチーズに焦げ目がつくまで焼く。

⚠砂糖はかけない！

おっさんずラブの現場で生まれる愛

-in the sky- 監督秘話

全員が一方通行の恋⁉　誰が誰を好きで、誰と結ばれるのか、
展開が分からず、その切なさに毎回ドキドキした
ドラマの制作現場の裏側に迫ります！

Yuki Saito × 瑠東東一郎 × 山本大輔

3・6・7話演出　1・4・8話演出　2・5話演出

監督も結末を知らなかった

瑠東　昨日も実は朝まで「おっさんずラブ」のチームで飲んでいまして。Yukiさんの事務所で、7話のオンエアをみんなで観ていたんですよね。

山本　あの屋上のシーンの田中さんの涙、切なくてよかったですね。

Yuki　ありがとうございます。僕たちも視聴者の方と一緒で、誰と誰が最終的にくっつくのかというのは知らされていなくて、武蔵エンドで終わることがはっきりわかったのは6話を撮ってる頃だったんです。

山本　僕も「武蔵エンドで終わる可能性が高い」程度にしかわかってなかったです。

瑠東　初めから武蔵エンドになることを知っていたのは、監督の中では僕だけだったのかな。最初に「ラストは極秘にするから」というお達しがあって。今思えば、2人には黙っておく必要はなかったんですが(笑)。

Yuki　それで「うわーっ！」と思って。6話、7話は最終回に繋げるところだから、気持ちを積み上げていかないといけなかった。だからあの屋上のシーンは、真剣に捉えて撮ろうと。あのシーンは両方のア

プローチがあって「To HARUTA airport. Final approach OK?」という鋼太郎さんの台詞は、3話で春田に振られるときの「好きサー」にあわせて踊り出すような面白いシーンにすることもできた。でもここは、圭くんも鋼太郎さんもラストに向けて説得力のあるシーンにするために、2人の心と心が感じあうシーンに演じてくれました。

瑠東　今回は、編集で足し引きして作り変えることも結構多かったですね。あと、台詞の言葉通りに芝居を撮らないほうが面白くなることも多かったというか…。言葉って表面的な意味と、そうは言ってはいるけど気持ちは裏腹みたいなことって日常生活でもよくあるじゃないですか。今回は現場で俳優部と「表の意味じゃなくて裏の意味で芝居したほうが切なくなるよね」みたいなディスカッションを密にしましたね。「in the sky」は、前半は登場人物の思いがすれ違う展開なので、春田がいろんな人と絡みはするけれど、実は孤独だなと僕は感じていて。それは結局、演じている田中圭の孤独と一緒だと思うんですね。その春田のもどかしい切なさはこのシリーズのひとつの大切な要素だった。中盤からは、恋愛的には結ばれないけれど人間関係が深まって行く…という物語に動いて行くので、みんなに愛される春田の魅力がぐっと増してくる。俳優部と共に脚本を肉付けしていく作業は、今回も濃密で楽しかったですね。

スタッフの愛とプライド

山本　航空会社の設定については、不動産編が終わって、次に映画も連ドラもやる！ってなって…その中で色々、変わっていったこともあったんじゃないですかね。「こうしますよ」という経過はちょくちょく聞きましたけど。

Yuki　新シリーズの舞台が航空会社に決まったと知らされたとき「やった！」と思いました。僕、成田出身で、娘の名前に「空」という字を入れるくらい空が好きだし、成田空港のレストランとか機内清掃のアルバイトもやっていたんです。母もＪＡＬのグランドスタッフでしたし、空港がすごく身近だったので。

瑠東　僕は最初嘘やんって思いましたよ。貴島さんはよくこういうボケのお題を与えるんですけど、「おっさんずラブ」で「in the sky」って面白いけど、めちゃめちゃ難しいやつやんって（笑）。不動産業のように、生活に根付いた仕事だとこの世界観との相性が良い気がしていたのですが、パイロットやＣＡといった特別にも見える職業を舞台にしたとき、そこで「おっさんずラブ」の世界観を上手く落とし込むことができるのか。愛と笑いのバランスを上手く保てるのか。「空のおっさんずラブ」1話は特に苦しみましたね。お仕事部分と「おっさんずラブ」特有の濃密な人間関係の塩梅というか…。世界観がチープになると「いい笑い」ではなく「コント」になってしまう。とはいえ、生活の中の濃密な関係を描くことが「おっさんずラブ」の真骨頂。限られた尺の中でそのバランスをどう取るべきかをすごく考えました。

山本　3人で本物のピーチを見学しに行ったりもしましたよね。

瑠東　3人でめっちゃ話をして、役者をどこに置くかとか考えて、美術部ともたくさん話をして。

Yuki　そこが前回とは違う点ですね。不動産編は撮りながらだんだんチームになっていきましたけど、今回は最初から僕らもチームとしてスタートしているので、色んな相談がしやすかったです。

山本　スタッフも優秀ですしね。

Yuki　不動産編とほぼ同じなんですけど、大前提としてみんな「おっさんずラブ」が大好きで、「より良くするんだ」とプライドも持っているから、美術打ち合わせで、ただ監督のビジョンを聞くだけで終わる打ち合わせも多い中、この「おっさんずラブ」のスタッフは、まずはこちらの意向を聞いて、そのあとみんな意見を返してくれる。ディスカッションをして新しいアイデアがどんどん生まれてくるんです。

瑠東　今回の脚本は武蔵のモノローグが登場するので、〝武蔵で遊びたいね〟という話もしていて。撮影、照明、美術もみんないろいろアイデア出して、新しい演出を考えようぜと。顔がいっぱい出てくる「千手観音武蔵」は、撮影の髙野学があのフィルターを買ってきて、アイデアをくれましたね。

山本　4話に小さい武蔵も……。

Yuki　あれってリトルホンダじゃないんですか？　本田圭佑がACミランに移籍するときの「どのクラブでプレーするか心の中のリトルホンダに聞いてみた」という名言からですよね？　それを実写化したんだなと勝手に考察していたんですが。

瑠東　…大正解！

Yuki　やったあ！　周りは『南くんの恋人』じゃないかと言っていたんですけど、瑠東さんサッカー好きだし、俺は「本田やろ」と。

山本　アナログにこだわった撮影も「おっさんずラブ」の特徴かな。

Yuki　6話ではサブタイトルの文字を吊っているピアノ線をわざと消さなかったんですが、編集の石井くんはそのピアノ線を消さなくていいんですか？　と、3回くらい聞いてきてくれた。でもアナログ感を伝えたいなと思って残したんです。7話のサブタイトルも砂で作って、マルさんという美術部の隊長が扇風機で吹き飛ばしてくれました。

やまもと・だいすけ◎1976年三重県生まれ。制作会社アズバーズ所属。「めちゃ×2イケてるッ！」でADを務めたのちドラマの演出家に。「オトナ高校」で貴島P、瑠東監督と組む。in the skyでは2・5話担当。

瑠東　3話ではマネージャーさんまで協力してくれたんだよね。

Yuki　最後の雨のシーンに繋げたくて、脚本の最初にシャワーシーンを足してもらったんですが、「ENDLESS RAIN」のサブタイトルの入れ方に悩んでいて。そうしたら、あるマネージャーさんが「背中に貼っちゃうしかないんじゃないですか？」ってアイデアをくれました。

山本　撮影の髙野さんは、こちらが言わなくても欲しい画を撮ってくれる。彼から「もっとこう撮りたい」とアイデアをもらうこともあったし、彼の腕も前回より確実にあがっているなと思いました。

瑠東　山本監督が撮った5話の春田と緋夏が公園に行くシーン、綺麗でしたよね。山本さんらしい画だなと。

Yuki　あれは山本さんの私物のオールドレンズを使っているんですよね？

山本　緋夏が「私は傷つきました」というアップの画だけ、そのレンズを使っています。あそこの緋夏は、一番美しく撮りたくて。

鋼太郎さんと戸次さん

Yuki　僕は自分の回で言うと、6話のバッティングセンターのシーンもすごく好きなんですよ。脚本には「4番、ファースト、黒澤」としか書いてないんですけど、そのあと鋼太郎さんが自分の実況中継をアドリブで入れてきて。段取りで笑い死にしました(笑)。スタッフもみんな大爆笑だったんですが、爆笑ながらも、その前に4人の思いがすれ違っているというシーンがあって、そこをブレイクするための「行ってくるぞ」という思いからの実況中継だったんですね。その「かっこいい男の背中」を演出したくてカメラのレンズに光を入れました。鋼太郎さんは、3話の脚本でも『好きさ!!』の『さ』って何?」と聞かれて、「石垣便の流れで沖縄ですね」と答えたら、「わかった」と言って、「好きサー」ってカチャーシーを踊り出したんです。6話の火鍋のシーンでは「鋼太郎さん、俺、『キル・ビル』がやりたいです。武将でいてください」「わかった」となって(笑)。鋼太郎さんにはただこっちの撮りたいビジョンを一言伝えると、必ず「わかった」と返してくれて、想像を超える面白いことや感動することをやってくれます。ご自身の舞台の演出もされている大先輩ですし、それってすごいことですよね。

瑠東　戸次さんについても語るならYukiさんですかね。

Yuki　他のドラマですでに関係があったからなのか、担当話数ゆえなのか「戸次さんと向き合う担当ね」と貴島Pから言われて(笑)。シゲさん(戸次さん)はストイックで、役のために体も作り上げるし、脚本も読み込んですごく考えてきてくれるのですが、「おっさんずラブ」の瞬発力が求められる現場とは元々アプローチの仕方が違うタイプの人だった。でも、だから今回は今まで見たことないシゲさんを撮りたいな、というのを僕の中の目標にしていて。それで6話の「手をつなごう」のカードのシーンで、台本上では手を繋がない設定だったんですけど、シゲさんのほうから「監督、手を繋ぎたいです」と言ってきて。シゲさんがこういうことを言うのはほぼ初めてだったんです。それで本番で手を繋いだ瞬間、春田と四宮の感情がブワッと溢れるシーンになった。シゲさんの感情を引き出すために、圭くんが全力で泣いてくれて…。僕としても、考えてお芝居をするシゲさんじゃなくて、感情と感情が触れ合って到達するシゲさんを撮れたことが嬉しかった。

人間くさい春田

Yuki　「in the sky」がスタートした最初から、前回の不動産編と違って、向き合えばすぐにカップル成立なのに、各々の思いがかけ違えていく物語になります、というのは聞かされていました。視聴者の予想を、良い意味できちんと裏切っていきたいと。

瑠東　ただ最後まで見ていただいたときに、春田と武蔵のラストシーンで、「なんで春田は、成瀬のことが好きだったのに、急に武蔵を好きになったの?」という風に、視聴者に思わせないようにしないと…というプレッシャーはありました。春田は好きな相手がコロコロ変わるチープな人物、ということでは絶対にない。だからこそとても難しかった。どう気持ちを繋いで描けば、深みのある物語になるか、たくさん話し合いました。そんな中、圭くんと「でも、人間くさくていいよね」という話になったんです。もちろん春田はまっすぐで魅力的な人物ですが、「とても好きな人がいたけれど、別の人を愛する」って、それはそれで人間くさくて素敵じゃないですか。不動産編の春田は〝愛され爆発キャラ〟でしたけど、今回は、〝少し大人で人間くさい春田〟で。そんな姿も含めて愛される存在に描けたらいいねと。最初からすべてが決まったプランだったわけではなくて、撮っていく中で固まっていった人間性ですが、苦しんだ結果、良かったなと。それが「in the sky」の新たな魅力かなと思いました。

Yuki 不動産編の春田は、いつも受け身で巻き込まれ型のタイプでした。でも今回は春田自身が本当の意味での主人公だし、切なさの中心にいますし、春田が相手の背中を押してあげたり、話を聞いてあげて人を成長させたり、人間に深みが出て、そこは何だか圭くんに似てるな、と思いました。

瑠東 春田が成瀬に対して能動的に恋してゆくことに、どうリアリティを持たせるかは今回ひとつの課題でしたが、それを解決してくれたのが千葉くんの存在でした。実際に、どうして人を好きになるかっていうのは理屈じゃないんですよね。千葉くんのあの芝居を見たら「性別関係なく、春田が成瀬を好きになるのも納得できる」という気持ちになった。もちろん監督サイドも言葉で俳優部に演出プランを伝えはしますが、でもどう演じるかは千葉くん本人のもの。彼の人間力、表現力には震えました。

ゆうき・さいとう◎1979年千葉県生まれ。株式会社SDP所属。高校卒業後に渡米し、ハリウッドで8年間映画を学ぶ。演出した短編映画、CMが国内外で高い評価を受ける。in the skyでは3・6・7話担当。

Yuki 僕の監督回だと、7話で春田が成瀬の手を握ってポケットに入れるというシーンがありました。あそこも、「なんでそうするのか？」という疑問が役者側から出て。「なんで？」って思うのは良いサインで、そのシーンを嘘がないように演じたいからなんです。書いているとおりにただ演じて「すてきなシーンだよね」ということもできるんだけど、そこに対して春田が本当に手を握りたいと思わないと嘘になる。そういう嘘は絶対につかないようにしようというのが、「おっさんずラブ」なので、能動的に春田が動くことへの難しさがありました。でも、脚本に引っかかって役者が「できないな」と思っていたシーンが、一番良くなることって多いんです。最終的には、とりあえずそのお芝居をやってみたら、そのとき成瀬が切なくて抱きしめたくなるような佇まいをしていたので、圭くんも自然と手を握ってポケットに突っ込むことができた。手を繋ぐシーンは2回出てくるので、それはやはり象徴的なシーンだと思ったし、繋ぐなら意味も変えて撮りたいなと思いました。

ラストで表現したかったこと

Yuki でも最初の難関は山本さんが撮った5話の春田が成瀬にキスするシーンだったと思いますね。あれを乗り越えることができてよかったな、と。

山本　僕が2話を撮ってる頃に5話の台本があがってきたので、そのときから圭くんとは色々話をしていました。圭くんが「5話の展開を見据えて2話のモノローグもこう変えたい」みたいな提案もしてくれて。台本は「お前のことが好きなんだよ！」だったんですけど、演じるときには「好きみたいなんだよ」になりましたね。そのあとの3話、4話の間に、圭くんは気持ちの流れを作っていたので、キスシーンを撮るときには、動きを相談することはありましたけど、心情的なことはもうクリアされていましたね。

瑠東　このキスシーンのとき、春田の「キスぐらい、誰とでもするって言ってたじゃねえかよ」っていう台詞がありましたけど、俺だったらカットしてたと思うんですよ。それを言ったら完全に嫌われる台詞だし、でも山本さんは残していたから「うわっ」と思って。でも「人間くささ」を踏まえたときに、あの一言は絶対残したほうがいいなと思うようになって。結果6話で回収しましたし、「山本さん、スゲえな」と。

山本　そもそも春田から強引にキスしてますからね。その時点で嫌われかねないわけですし、圭くんもあの台詞は言えてましたから、編集で切らなくていいと思いました。

瑠東　そもそも「おっさんずラブ」はキャラを作って撮るんじゃなくて、なるべくそのまんまの本人の延長で撮りたいと僕は思っていて。過剰にキャラ作りをすると嘘っぽくなってしまう。だから圭くんと相性が良かったのかな、と。彼は芝居で嘘をつくことを嫌うので。それで、今回、武蔵エンドになることになって、すごく難しかったんですが、春田が黒澤をどのタイミングで好きになったのか…と考えると、正直「in the sky」単体でどうこう、という話は超えていたような気もします。単発から今まで4回の「おっさんずラブ」を通して育んできた人間・田中圭と人間・吉田鋼太郎の関係性を考えれば、そのラストに辿り着ける。2人のリアルの延長にリアリティを作れば〝愛〟を描けると思いました。普段の生活の中で「この瞬間、ここで、この人を好きになった」というのは、具体的にあるものではない。なんだかそれって嘘っぽいじゃないですか。春田と武蔵がヘリポートで想いをぶつけあって、燃えるようなその瞬間が撮れれば、それ以上は無粋な気がしました。だから最後の芝居にどう向き合うかは、いっぱい話をしました。このラストシーンが想像を超えたものになれば、単発ドラマから「おっさんずラブ」で表現したかった、「人間愛」の集大成に辿り着けるのかなとも思って…。そしてやっぱり春田と武蔵はすごかった。本当にすごかったんです。現場の誰もが心奪われ、ただただ圧倒された。今ここで起きたすべてを撮り逃さないことが僕の使命だと思いました。「おっさんずラブ」を通して描いてきたことのすべてはここに集約されたんだと、僕はそう思っています。

るとう・とういちろう◎1979年兵庫県生まれ。株式会社メディアプルポ所属。バラエティーの演出を経てドラマ監督に。劇場版「おっさんずラブ LOVE or DEAD」の監督も務める。in the skyでは1・4・8話担当。

「in the sky」の企画はこうして生まれた！

PRODUCTION NOTE

「おっさんずラブ -in the sky-」が生まれた背景や制作の舞台裏を、
脚本家の徳尾浩司さん（T）とプロデューサーの貴島彩理さん（K）に聞きました。

ので、勤務中になかなか恋愛話はできないけど、寮やオフィスならできる。今持っている武器だけでやってみようよって。…とはいえ、機内のエピソードなしでやってみると、案の定難しく、第２話でさっそく泣きつくはめに（笑）。ただ、色々とアイデアを出し合っていくうちに、空の描写をしない（実際は飛んでいるのですが）世界観が楽しくなってきました。

K そんな中、撮影協力をして頂ける会社を探していたらピーチさんと出会った。実はピーチさんの社訓は「人間愛」、どこか運命的なものも感じました。現場で働くクルーの皆様の話も聞かせて頂き、部署の垣根がなくアットホームで、みんなでアイデアを出し合って頑張ろう…というマインドが「おっさんずラブ」のチームとも合っているなと感じました。シナハンに行った時に「空の上だけが僕らの仕事ではない」「飛行機はチームで飛ばしている」と教えて頂いたことも印象的で、ゆえに今作は「チームドラマ」としての側面が強くなったのだとも思います。

T ドラマのお仕事パートのどういうところが、恋愛パートのテーマに繋がっていくかを考えた時に、チーム愛とか、家族愛とか、１人欠けると飛行機は飛ばないとかの共通点も多く、航空業界はそういうところもいいなあと思いました。

舞台設定について

K 2018 年の連続ドラマを走り終えた後、皆様の声援のおかげで映画と連続ドラマ、両方やろうという話が決まりました。このような奇跡的な機会を頂けたならば是非続編を…と思いましたが、「１人でもメンバーが欠けた続編は作ることができない」という確固とした思いもあり、みんなで話し合って、映画は天空不動産のメンバー全員で完結編を。次の連続ドラマは世界観を新たに、全く別の物語を作ろうと決めました。新シリーズの舞台は、学校？はたまた時代劇？など様々な案がありましたが、その中で航空業界はどうかと。私自身“空のドラマ”を作ることは憧れでもありましたし、究極のサービス業でありながら人の命を預かる仕事…という部分も魅力的だと思いました。ニュースで最近は男性 CA が増えているということも知り、女性のものだと思われがちだった職業が、男性にとっても当たり前になっている…という事象もどこか「おっさんずラブ」の世界と近しいものを感じたり、春田が男性 CA として頑張っている姿を想像してみたら、予想以上にしっくりきて。

T パイロットや CA の制服の格好良さとか、空港の画の面白さもありますが、彼らの仕事以外の部分も描いてみたいと思いました。

K ただ空を舞台に選んだものの、予算は以前と変わらない。機内での撮影は難しいし、飛行場にも一度行くのが限界。徳尾さんにも枷を掛けてしまうことになるし、機内の話が作れない CA モノになるならやめたほうがいいのではないかという話もして…。そんな時、徳尾さんや他のプロデューサーが“空を飛ばない CA ドラマ”を作るっていう挑戦も面白いじゃないか、とポジティブに背中を押してくださいました。

T 実際、機内だと保安要員としての役割もある

春田武蔵エンドについて

T 2016年から「おっさんずラブ」というものが続いてきて、春田と黒澤の2人が大きな柱となってドラマを支えてきた。最後はこの2人が向き合う話にしてもいいのではないかと思ったのです。

K 前作の連続ドラマの（吉田）鋼太郎さんのクランクアップの時にだけ、（田中）圭さんが号泣したのがとても印象深くて。今作のラストを考えた時に、その時の姿が浮かんで。あの2人は恋とかそういうことではないけれど、ああいう愛の形だったら結末として描ける気がするなと思ったんです。

T 今回は友情だったり家族愛だったり、色んな愛情の形が見えてきます。春田が急に武蔵に最後恋に落ちるというのは無理があるかもしれないけれど、今まで抱いていた愛情が溢れてきたり、一歩前に進んで向き合ってみたいと思った気持ちはあるかもしれないなと。ラストで黒澤が「はるたん」と言いますが、「in the sky」のこの2人においてはここからどんな新しい未来が始まるんだろうという場面でもある気がして、ここで初めて「はるたん」って呼ぶのがいいんじゃないかと思ったんです。

K「はるちゃん」とか「はるっぴ」とか春田が色々な名前で呼ばれて武蔵がちょっと嫉妬したりもしていたので、武蔵も自分だけの呼び方で春田を呼びたかったのかな（笑）。作品としてのゴールであると共に、3年間ずっと見てきた“圭さんと鋼太郎さんの姿”だったようにも思います。改めて感謝の気持ちでいっぱいです。

とくお・こうじ◎1979年福岡県生まれ。慶應義塾大学卒。劇団とくお組主宰。「ミス・ジコチョー～天才・天ノ教授の調査ファイル～」「劇団スフィア」などのドラマ、映画、舞台の脚本を手がける。

きじま・さり◎1990年東京都生まれ。慶應義塾大学卒。2012年テレビ朝日入社。バラエティー部でAD、ディレクターを経験した後、ドラマ部へ異動。ウーマン・オブ・ザ・イヤー2019を受賞。

新メンバー千葉さんと戸次さん

K 千葉（雄大）さんはすごく面白い方。大喜利対決を仕掛けても大体勝てない（笑）。冷静で鋭い方かと思いきや、実は熱いものを胸に秘めていて、突然感動して泣いたり、かと思えば不器用な部分もあったり…とても魅力的な人です。もともと様々な作品を拝見していて、内面が気になる人だな…と思っていて、30代を迎える今、視聴者が見たことのない千葉さんに魅せられる役を作ってみたいな…という謎の野望が芽生えて。今回やっとご一緒できることになって本当に嬉しかったです。シゲ（戸次重幸）さんは、学生時代からチームナックスの舞台が大好きで、必ずお仕事をしてみたい憧れの方でした。実際お会いしてみたら、ものすごく生真面目で優しくて気遣い屋で、とっても笑顔が素敵で。あと、たまに見せる天然さに、つい現場がみんな脱力し幸せになるような、不思議な力を持っていました。

T ネットを見ていると、戸次さんの地元の北海道では、放送の度にすごくザワザワしていたようです。あの“残念”な戸次さんに、こんなドキドキする日が来ようとはって（笑）。もちろん好意的な意味で。

恋愛について

T 今回のテーマは、恋と愛だったら愛の方に近い。恋もしていますが、もっと深い愛情とか、友情と恋愛どっちなのかと悩む春田もいる。前作で愛されてきた春田が、愛というものをどう受け止め、どう行動に移すかが違うところでしょうか。

K 裏テーマには“成瀬という人間が、恋や仲間の大切さを知って一人前のパイロットになる”というのもありました。春田はそんな成瀬を支え傍にいる中で、自分自身もその先にある愛に気付いてゆく。友情なのか尊敬なのか家族愛なのか、愛の形に答えがあるわけではないけれど。きっと今作は「誰かと誰かの恋の話」ではなく、天空ピーチのメンバーが気持ちを通わせてチームになっていく大きな愛の話なのかなと。それはもしかしたら、作っている私たちが3年かけて今一緒にいる…という想いがつい反映されたのかな、と最終話をキャストスタッフみんなで観ているとき、みんなの顔を見て思いました。

ドラマ主題歌「願い」をプレイバック！

春田、武蔵、四宮、成瀬…
それぞれの心に寄り添う sumika の歌詞に涙が止まらない

願い

作詞　片岡健太
作曲　黒田隼之介
Strings Arrange　CHICA & 小川貴之

あなたの瞳に映って
私は「幸せ」って
笑っている
未来を探していた

「おはよう」
たったひとつで世界が弾むから
あなたはすごい人だね
寒い冬を温められる人

あなたをずっと見ているから
ちょっとした変化に
少しだけ早く気付いてしまっただけ
あの子を目で追ってどっか辛そうで
あなたはきっと恋をしている

ひとつふたつ願っても
あの子じゃない
私には代わりは務められず
みっつよっつ願っても
虚しくなる
この胸の中で眠れ
いつか目覚める日まで

あなたの瞳に映って
「うれしい」「たのしい」と言い合って
絵空に見ていた儚い夢だ
白い息を小さく吐いて
「さびしい」「かなしい」って
隣から私も言いたかったよ
そばにいてよ

突然降ってきた雪を誰に伝えよう
私は一人だけだよ
あなたはどう？
答え聞くまでもなかったようで
目線の行き先が諭すよ

ひとつふたつねだっても
叶わぬ希望
あなたの目線の先にいる事
みっつよっつめ叶っても
虚しくなる
ひとつめになれないこと
あの子になれないこと

あなたの瞳に映って
「ただいま」「おかえり」を言い合って
真昼に見ていた儚い夢だ
白い息を小さく吐いて
「おはよう」「おやすみ」って
目を合わせ言いたかったな
きっとまだ

雪はずっとふっと
空から来ては
止めどなく降りしきる
想い重ねて
私はずっともっとあなたを

あなたの瞳に映って
私たち二人笑い合って
絵空に見ていた儚い夢だ
白い息を小さく吐いて
「最高に幸せ」って
きっとまだ
解っていた
ずっと“まだ”なんだね

あなたに出会えてよかった
あなたが笑っている未来まで
幸せ祈り続ける夢だ
一生物のギフトはそっと
私の胸の中
「おはよう」と「おやすみ」があって
時々起きては眠ってね
「さようなら」
春の中で

Vo./Gt. 片岡健太さんコメント

「おっさんずラブ」愛に溢れたキャストの皆さん、制作スタッフの皆さんの熱を間近で感じながら進められる音楽制作は、とにかく幸せな時間でした。アレンジや歌詞制作で行き詰まった時には、忙しい中でも時間を作ってくださって、直接会って色々な話をして、朝も夜もどんな時にでも真摯に向き合って考えを伝えてくれました。作品に対する愛情で sumika が負けているようでは、この作品の主題歌をやる資格はないと思い、頂いた脚本を何度も読み、キャストの方々の顔を思い浮かべながら、最後の最後まで考え抜いて完成したのが「願い」という曲です。多くの方々の願いが詰まったこの作品に、音楽家として携われる事を心から光栄に思います。

sumika ◎ 神奈川県川崎市出身、片岡健太（Vo./Gt.）、荒井智之 (Dr./Cho.)、黒田隼之介 (Gt./Cho.)、小川貴之（Key./Cho.) からなる 4 人組バンド。様々な人にとっての“sumika(住処)”のような場所になって欲しいとの願いを込め、2013 年 5 月に結成。

HAVE A HAPPY FLIGHT !

THANK YOU

OSSAN'S LOVE

in the sky

土曜ナイトドラマ「おっさんずラブ *- in the sky -*」

キャスト

田中 圭

千葉雄大

戸次重幸

佐津川愛美

木﨑ゆりあ

鈴鹿央士

片岡京子

MEGUMI

正名僕蔵

吉田鋼太郎

スタッフ

スケジュール…宮﨑暁夫
演出補…松下敏也
演出助手…浦野博士・中口実咲・吉田昂司
制作担当…中村 哲
制作主任…福西 良・篠崎泰輔
制作進行…川添崇雄
制作進行助手…佐々木晴美
制作応援…稲葉敏彰
プロデューサー補…久保田育美・小田 彩・佐藤夏美
記録…河野友里恵・岩佐美紀
スチール…桂 修平
PRディレクター…佐藤恵梨子
制作デスク…宇留間恵里
車輌…稲田幸一

編成…小鴨 翔・岩田皐希
宣伝…吉原智美・池谷麻依
ＳＮＳ担当…金沢大基・本田洋子
コンテンツビジネス…宮島花名・井上優子
ホームページ…メディアプレックス
音楽協力…テレビ朝日ミュージック

主題歌…sumika「願い」(Sony Music Labels)

撮影取材協力…peach

協力…ビデオフォーカス　テレビ朝日クリエイト
ロケット　ジースタッフ　ビーグル　pinpoon
FILM　チョコフィルム　ブルーフラッグ　TA・KA

エグゼクティブプロデューサー…桑田 潔
ゼネラルプロデューサー…三輪祐見子
プロデューサー…貴島彩理・神馬由季・松野千鶴子
演出…瑠東東一郎・山本大輔・Yuki Saito

制作協力…アズバーズ
制作著作…テレビ朝日

脚本…徳尾浩司

音楽…河野 伸

撮影…髙野 学
Ｂカメ…磯貝喜作
撮影助手…細田 惇
Ｂカメ助手…早川裕樹
ＶＥ…香山達也
照明…坂本 心
照明助手…八藤優美・吉田真矢
録音…関根光晶
録音助手…増島勇良・北川茉奈実
技術営業…飯田次郎

美術プロデューサー …丸山信太郎
デザイン…加藤周一
美術進行…野末晃子
美術進行助手 …荒井幹基
装飾…安部俊彦・瀧口夏海
持道具…鈴木麻美子
衣裳…佐久間美緒・小久保桃子
ヘアメイク…花村枝美・大槻史菜
大道具…伊藤浩樹
フードコーディネーター…赤沼文実子
タイトル CG…渡辺裕也
美術車輌…山城清仁

編集…神崎亜耶
ＥＥＤ…石井康裕
選曲…岩下康洋
音響効果…土井隆昌
ＭＡ…河野弘貴・池田古都美

「おっさんずラブ -*in the sky*-」
〜ゆく年くる年SP〜 前編・後編

“ クリスマスキス ”のその後は…？
あれから気まずい状態が続く、成瀬（千葉雄大）＆四宮（戸次重幸）。
なんとかこの状況を打破しようと、まさかの緋夏（佐津川愛美）に
バックアップを申請！？
一方、デートに大失敗した道端（鈴鹿央士）もまた、根古（MEGUMI）に鬼ダメ出しを受けながら挽回を企てていた…。
そして迎えた忘年会の日。なんと『たまご1つ』で四宮がブチギレ！？
まさかの大喧嘩が勃発してしまう。

クリスマス、令和最初の年越し…。
大好きな人と、ただ一緒に過ごしたいだけなのに──。

春田（田中圭）＆黒澤（吉田鋼太郎）をはじめ「天空ピーチエアライン」の仲間たちも続々登場！
“ 恋の正解 ”が見つからない、不器用すぎるおっさんたち。
果たして、一緒に新年を迎えることができるのか…!?
「AbemaTV」と「ビデオパス」にて配信中!!

「おっさんずラブ -*in the sky*-」DVD & Blu-ray

2020年4月15日（水） 発売決定!!

発売日：2020年4月15日（水） ※レンタル同時スタート
【価　格】Blu-ray 21,600円＋税（5枚組）／ DVD 17,550円＋税（5枚組）
【発売元】株式会社テレビ朝日
【販売元】TCエンタテインメント株式会社

※ジャケット画像は仮のものです。
変更になる可能性があります。

土《ど》曜《よう》ナイトドラマ
「おっさんずラブ -in the sky-」
公式《こうしき》ブック

2020年1月30日　第1刷発行

監　修　株式会社《かぶしきがいしゃ》 テレビ朝《あさ》日《ひ》
発行者　鳥山 靖
発行所　株式会社 文藝春秋
〒102-8008 東京都千代田区紀尾井町 3-23
電話　03-3265-1211
印刷・製本　光邦

万一、落丁、乱丁の場合は、送料当方負担でお取替えいたします。
小社製作部宛にお送りください。定価はカバーに表示してあります。

ISBN978-4-16-391162-5
Printed in Japan

カバー写真：上野山裕二
巻頭インタビュー写真：Sai
（撮影場所：華飾市場スタジオ屋上）
本文場面写真：テレビ朝日
取材写真：鈴木七絵、志水隆、末永裕樹
デザイン：野中深雪